自恋总比自卑好

吴淡如 作品

中国出版集团
现代出版社

时代在变，爱情观变了吗？

爱情的“行为”或许改变了，

但我们意识中的“观念”，

大概还可以挖出恐龙化石来。

自恋

总比自卑好

目录
CONTENTS

性爱

自由

彷徨

心结

代 序

其实你还是继续长大了

如果你想起几年前，自己以损人不利己的方式谈恋爱会觉得好笑，那么，你应该算是继续长大了。

不知怎的，忽然跟朋友聊起年纪来。

★

“二十岁到三十岁间的日子，好像过得没那么快，可是人过三十，忽然觉得日子过得好快呀！”她说。

“如果一个人的平均寿命是七十岁的话，那我们快要活过一半了。剩下的日子，算来不怎么够长。”我也多愁善感起来。

“我记得你的第一本小说集里有一篇小说，写的是一个二十九岁‘迟暮’的女孩子，因为流年暗中偷换，东挑西拣的，到了二十九岁的警戒线就暗暗着急，你形容她的皱纹是‘眼波才动被人猜’，你记不记得？”

我尴尬地笑了两声，真懊恼有人会将我的少艾之作记得那么清楚，现在看来，实在是现世报。虽然……虽然眼角还没出现“眼波才动被人猜”的皱纹，但三十之年，忽焉已过。虽然，我一直没坦白面对，哎呀我的妈，真的这么“老”了吗？

“那个时候以为自己是活不过二十九岁的，所以才那么写吧！我以为，不世出的聪明人应该像雪莱或拜伦一样，三十六岁一命呜呼，才能成为传奇。”

三十六岁一命呜呼的人很多，但不一定会成为传奇。传奇本身需要本来就是传奇。我马上想起少年时代所犯的逻辑谬误。

“三十六岁，才不呢，”朋友说，“我可不愿让人家痛悼英才早逝，宁愿活得长命百岁，‘老而不死是为贼’也无所谓。”

我有同感。**我感觉和生活本身的快乐比起来，我们对年龄的恐惧不算什么**。鸡皮鹤发就鸡皮鹤发吧，只要能吃能动能睡就行。

“以前会写二十九岁嫁不出去就心急如焚的女人，多少还有点儿嘲谑的意味，总认为二十九岁之前一定会觅得令我陶醉的姻缘，不会等到那个年纪，还在待价而沽给人耻笑。”哈哈，又是现世，我觉得自己很好笑。但没什么不好，有许多东西是我在二十九岁之后才学到的。

那时我二十岁不到，当然觉得叫二十九岁的单身女子“老处女”是天经地义的事。是谁教年轻的我：嫁不出去的一定是处女？还有，谁说二十九岁就老呢？

“但我觉得没什么不好，”朋友的话和我心中的声音一模一样，“我越来越快乐，因为知道自己在做什么。其实白马王子也不是没来过，只是不想嫁给他——现在看看以前的男友们，他们都已经娶妻生子了，心情不好时想起，会想，如果我的头点得快些，新娘就是我了。可是脑袋清醒时我又知道，还好新娘不是我。”

这倒不是自我安慰，我可以体会她的感觉。在这个时代主张不婚仍会激怒某些人，所以我从不主张不婚；我只知道，不是你主张结婚就一定懂得结好婚，不是你主张不婚就一定会不婚，婚姻不是你主张怎样就怎样。多年来，老实说我看尽各种婚姻怪现象：被自己婚姻搞得焦头烂额的人偏偏最爱做红娘、把自己的孩子教得鸡飞狗跳满地爬的人最爱劝人生孩子、大声主张不婚的通常是从面相看来根本嫁不出去所以欠缺说服力、恨自己丈夫或者老婆恨得咬牙切齿却更恨他投进别人怀抱、实在不想嫁（娶）他但更不想让他跟别人进礼堂、明知明天两个人会更糟但又一定要进礼堂、明明是自己欢喜高兴婚后却怪另一半“骗”自己入陷阱……千奇百怪的现象日日发生在你我之间。

在“你”与“我”之间，总有丛生的问题，不管是否山盟海誓，不管是否海枯石烂，问题还是会发生，因为你还是你，我还是我。我们都有意志，都要自由，我要的自由还不一定是你认定的所谓自由。

固然，我们也不需看别人被蛇咬，自己怕草绳，更不需指责“婚姻”，“婚姻”只是一个无罪的名词。X+Y= 婚姻，而 X、Y 的变数不是操之在你，而是操之在天。

“到这个年纪反而不急，觉得嫁不嫁得出去不是真正的问题。”朋友说，“人生要做的事这么多，男友也不缺，两人个如果有共识，真的不缺一纸婚约。”

“也是因为你自食其力，也有奋斗目标、生活充实，又不需长期饭票来肯定自己的存在意义。”我说。

据我看来，**对人生有自信、又在生活中能自得其乐的女人，才能够真的不急**。我也不是没度过“嘴里不急，心里急得要死，看别人家的喜帖就恨不得轰它回去”的年代。想当初，原是因为没有自信，还想靠这些来粉碎自己的存在意义。

其实流年并未暗中偷换。如果你在年龄增长后还不断地把自己翻新，就没有马齿徒长。

如果你几年前失恋会想自杀，如今失恋从好处想是重获自由；如果你几年前恋爱就忘了自己是谁和他是谁，如今还会想想他是你的谁；如果以前和情人吵架是一哭二闹三上吊，现在会对他说“我们坐下来好好谈一谈好吗”；如果以前你动不动会问自己是不是他永远的最爱，现在明白他没有义务只为你而活；如果以前你没事爱疑神疑鬼，现在知道乱猜疑是令人憎恶的醋缸子；如果你以前鸡毛小事就歇斯底里，而现今落得水来土掩、兵来将挡……如果你发现日子过得越来越快乐，虽然你早早过了青春期，但你还是继续长大了。

爱情观是要随年龄继续长大的，不管你已婚未婚，结婚还是不结婚。那是爱情唯一的活路，如果你继续长大。

当然也有一些爱情，像脚一样塞进了婚姻的鞋，就真的停止了发育，或者削足适履。但我想，那不是我们要的，不会使我们快乐。

勇气

爱不爱都需要勇气。

任何改变都需要勇气。

想要让自己好受一点儿也需要勇气。

大人，无奈呀

翠安不是个太有脾气的人，

她老觉得先生吃定了她这点。

好不容易到了期待中的星期天，翠安六点就起床，好把衣服洗好，家中一切都整顿好。六点半，她正在拧拖把时，忽然发现她的先生已经穿好高尔夫球装，一脸心虚地看着她。翠安心知不妙，马上说：

“说好的事不可以黄牛！”

“对不起……昨天，我……忘了，和小庄小李他们约了打球，不可以不去……”

“你答应今天要带小莉的！我们老早说好这次约会，谁也不带小孩儿！”

“对不起嘛，我一定会补偿你。你不是只是要参加聚会吗？在餐厅里，多带个小孩儿没关系吧，总不能叫我带她去打高尔夫球。拜托，你是好妈妈，下个礼拜我一定全天候带小莉玩，让你很自由，拜——”

翠安不是个太有脾气的人，她老觉得先生吃定了她这点，但心中到底有气。中午出门前化妆，总感觉自己再怎么涂脂抹粉都不称心，因为脸上浮着一层郁闷之气。

“妈，怎么啦？”四岁的小莉还是喜欢跟妈妈出去。但这孩子自小敏感，自己兴高采烈，也没忘了看大人脸色，连她也看出妈妈的懊恼。

“没，大人的事。人生无奈啦！”翠安喃喃自语后，勉强对小莉挤出一个微笑。哼，男人哪，都是不负人生责任的东西。当爸爸时那么开心，但是要他在小孩儿和高尔夫球之间做选择，他还是会选高尔夫。本来还说要开车送她去的，现在，她还得带着满地跑的女儿去搭计程车！

车子转进丽水街前，在信义路大堵车，消防车咿咿唔唔乱叫。原来有栋大楼着火了，从一上车就拼命抱怨公车单向道是为了害计程车拉不到生意的司机，此时更发出啧啧的叹息声：“真是倒霉，我以为星期天台北市不会堵车，没想到还是堵，唉唉唉！”“先生，是火灾啦，这也是没办法先料到的事！”翠安好心地想安慰司机两句，司机反而从后视镜瞪了她一眼。“太太早知道我不载你。这个地方，不管星期八星期九，我们司机都不愿意来的！”“那你说，台北市什么地方是永远不塞车的？”翠安心情也没好到哪里去，不愿被这司机将罪随便赖到自己身上。“嗯……”司机说不出来，开始转换抱怨的主题：“都怪我阿爸阿母没有把我生得聪明些，只能来做这个头路！不然，像人家坐在办公室，多轻松！”“你以为坐办公室轻松？喝茶看报纸就可以领薪水？”翠安也得理不饶人。

“哦，也许不是每个人都轻松啦，但是我看公务员都很轻松，那些领薪水的……那个 ×× 党，都用我们的钱，贪污啦、养人来欺负老百姓啦！哼，你看，前面那一定是个没良心的东西，还开宾士五百，同样是人，为什么命差那么多，人生无奈哟……”司机胡乱骂了一通，翠安不再说话，怕司机发现她就是“没良心的公务员”之一。

下了车，到咖啡厅时，她意外地发现，不只她带着孩子，美玲也带了她六岁的女儿来。好久不见，看样子肚子里还有一个，翠安安心了些。“你跟姐姐坐在一起玩！”大半年不见，美玲满面愁容，燕卿满面倦容，淑容满面怒容，翠安还算表情最平稳的一个。美玲脸上还有一块瘀青。“志强又打你？”翠安问。

美玲病恹恹地说：“昨天，有个生意没谈成，又打我出气……”早在念书时，志强就是美玲的男友，两人个吵吵打打，到底还是结了婚。真不知道美玲喜欢志强哪一点！说人没人才，要钱没钱财，除了会动粗，整个人成天懒懒散散、一事无成。

“你得对付他才行，难不成你要被他打一辈子！”三个高中时期的拜把好友同感义愤填膺。

“没办法，我也不想，可是他脾气一发就改不过来，我总不能打回去，谁叫我要嫁给他！”“你没想到要离婚吗？”“我也想过，可是，多没面子。”美玲这样说时，一点儿也没在意燕卿的反应，燕卿两年前离了婚。“何况又有了孩子……孩子总不能没有爸……”“他不是也会打小孩儿吗？这种爸爸干脆没有好了！”燕卿白了美玲一眼。“可是肚子里还有一个……”“他打你，你还拼命生，这不是和自己过不去吗？”“这你又不是不知道，他家世代单传，得要有个男生才行。说不定有个男生，他就会有责任感！”“什么时代的人，你还这么想？重男轻女，难怪他要打你。你潜意识里就认为女人该给男人踩在脚下！”连淑容也受不了了。

“别针对我一个人，我是很传统的。唉，只有认命啦，人生无奈！”“人生无奈，你还带人来受罪！”燕卿小声咕哝。

“燕卿，你过得怎样？说说看……”“不怎样啦，每天累得像条狗。老板给你一份薪水，叫你当三个人用！”“我看你累得快没命了，要不要去度假？我下个月要到关岛去，要不要一起去？”淑容问。

燕卿起先还兴致勃勃地问了日期、行程，说了老半天，拿行事历一翻，大叫不好，“下个月要打考绩，千万不能请假！”“真是狗改不了吃屎！”淑容说。“我看你也别每天抱怨老板欺负你，根本是你喜欢操劳。”“哟，我可不像你，从小是千金小姐，每个月光拿房租就可以买好几套香奈儿。我们人生无奈，没资格休假！”

淑容自觉好心被雷殛，低声说：“你作死好了，当我什么都没说！”提到自己的近况，淑容不说则已，一说也有满腹委屈。“你们以为有钱好？有钱最怕遇到不要脸的人！张宏他，刚刚在我出门前，又跟我调两百万……”众所皆知，她的同居男友张宏是个赌鬼，不知发过多少次誓，就是赌性坚强。“上一次你借他二十万，他还没还吧？！现在怎么又狮子大开口？”翠安问。“以前是打柏青哥，现在竟然去跟人家赌梭哈……越想赢钱，越会输钱。”淑容说。

“他只不过是你男友，你又还没嫁给他，别借他。要他戒赌，换个男人还比较快！”美玲在当旁观者时，脑袋是很清楚的。“可是我跟他认识这么多年，我不甘心……”“不甘心什么？不甘心他不戒赌？还是不甘心他不娶你？娶了你他还是赌，而且那时你不借钱给他还赌债都不行！”“他刚刚跟我求婚，说只要我帮他还两百万，给他一条生路，他什么都听我的。”

“你真的愿意再相信他一次？”三人同时惊呼。“没办法呀，不然该怎么办？我实在不知道没有他，日子怎么过……无奈呀……翠安，别提我，还是说说你吧！”翠安发现，两个人小鬼大的女孩儿，正聚精会神地看着隔壁那个浓眉大眼的青少年，而那个十七八岁的家伙，则以她可以听得很清楚的音调在向一个女孩儿投诉他的情殇：“她说她除了我之外，还有三个男友，她就是要先观察比较一下，才决定跟谁。我好痛苦……可是我又离不开她，好无奈，我真想去死算了！”

“我……乏善可陈啦，日子没有你们精彩，啊……”翠安说，“小小的有一点儿无奈，也不算什么……”

离开了咖啡厅，本来想要畅快叙旧的翠安，只换得一脸无奈的神情。到了晚上，一家三口一起吃饭。“吃完饭才准看电视！”翠安还在对先生生闷气，故意装出凶相，对一向不爱吃饭的小莉说。

“人生好无奈哦！”四岁的小莉，自然而然地说出了这句话，看着她目瞪口呆的父母。

爱与不爱都需要勇气

我们常因拒绝拿出勇气改变，

而躲入了“被害人”的洞穴。

每一个常常去演讲或上 Call-in 节目、帮人家解决疑难杂症的“专家”都会发现，他们其实没有办法帮任何人解决问题，因为解铃还须系铃人，就连为这系铃人提出建议，他们也会有很深的无力感。就在他们想出一个自以为是的正确解答方法之后，对方往往会马上接话：“我也知道，可是……”“这很难，因为……”

“可是”或“因为”后面，紧接着的可能是各式各样的理由，总而言之是在告诉你，他做不到。

“可是”你提供的并不是他要的答案。

“因为”他也不知道他要什么答案。

“可是”他要提出问题，“因为”他很痛苦。

“可是”他似乎并不想解决，“因为……”

“因为”他认为问题无法解决。

★

举个例子来说吧！有时你也许会听到一个女人倾诉，她的男友或丈夫对她坏透了，不时和狐朋狗友去喝酒，不醉不归，一醉酒品很差，一发起脾气来就会打她……给她或她的孩子很大的阴影，生不如死……

想替她解决问题的你会建议：勇敢地离开。

“可是他不会善罢甘休的，我怕他会伤害我……”

（你不离开，他更容易伤害你。）

“可是我觉得孩子不能没有爸爸……”

（那你想怎么样？你再找一剂解药，打那个施暴者一针，他就会变成绵羊！）

“可是如果我离婚的话，我的家人不会谅解我的……”

（你的安危重要，还是他们的面子重要？）

很多问题，因为那些“可是”而成为无解。痛苦的人继续痛苦，迷惘的人继续迷惘，不管你多痛苦多迷惘，问题都没有解决。

痛苦及迷惘，并不是因为我们不知何去何从，只是缺乏行动的勇气，宁愿忍耐旧的痛苦，也不愿承担一点点新生的苦痛。

我们敷衍自己。

或者说，我们潜意识里根本不想解决任何问题。

★

有些问题，更是除了系铃人本身之外毫无问题。

“我和我的女朋友感情很好，不过，最近我感到很痛苦。不久前有人告诉我，她的前任男友是我的一位学长，我就常常想这件事，想到睡不着觉。”一个外文系的男生说。

“你把她前任男友的影子抓来折磨自己，很像堂·吉诃德把风车想象成敌人一样，你只会撞得头破血流。这种想象对你的爱情有帮助吗？你何必嫉妒一个连情敌也不算的人？”

“我知道，我只是作茧自缚。”他停顿了一下，又说，“可是，嫉妒是人的天性。”

当我们拿“天性”当理由时，我们的惰性也无可去除。我们似乎就只能像一匹食蚁兽一样，靠吸食千千万万痛苦的蚂蚁为生。

没错，人有各种天性，但如果一个人想过得好，非超越那些天性不可。

我想精神分析的老祖师爷荣格，对人类的天性也很有沉重的无力感吧！他曾说：

“人类自身的问题，很少能被‘解决’，只能被‘取代’！”

新的问题取代旧的问题，新的痛苦重叠旧的痛苦，没有解除警报的勇气，一切烦恼只会化成打在自己身上的鞭痕。

★

当我们把烦恼变成对自己的鞭笞，我们可能会觉得很安全。因为不需改变现状，我们感到安全，但这种安全感可能夹杂着一些血腥味、一些腐烂的气息。

我们常因拒绝拿出勇气改变，而躲入了“被害人”的洞穴。

那个洞穴暗无天日，穴中的人蜷缩在阴冷的角落，眼巴巴地期待着有人丢进食物来喂养自己。那种食物，叫作同情。

很多提出问题的人，渴望的并不是答案，而是同情。

“同情”这种食物，吃得再多，我们灵魂的胃还是会觉得非常空虚。

★

“我很喜欢她，却不敢开口，因为我害怕失败，怎么办？”能怎么办？

爱与不爱都需要勇气。任何改变都需要勇气。想要让自己好受一点儿也需要勇气。

光提问题不要答案的人，真正的问题在于欠缺勇气。生活品质的高低，常与勇气的多寡成正比。

喋喋不休但未能解决过问题的人，使我想到一个笑话。

从前有个牧师，凭着他坚定的信仰，在发生水灾时，他仍然不停地祷告：“上帝啊，请来救我吧！”

水淹到教堂一楼时，乡人驾救生艇来救他。牧师拒不上船，他逃到二楼继续祷告：“上帝，请来救我吧！”

水又淹到二楼，驾救生艇的人又来了一次：“牧师，再不上来，你就会灭顶了！”牧师逃上屋顶，攀在十字架上，继续祷告。

不久，又来了一架直升机。“牧师，这是你最后的机会！”牧师不理，继续低头虔诚祷告，结果惨遭灭顶，蒙主恩召。

他看见上帝后，忍不住抱怨上帝两句：“我祈祷了这么久，你为什么没听到？”

上帝无辜地说：“喂，先生，我已经派了两艘救生艇、一架直升机去救你，你还想怎样？”

你还想怎么样？

爱因斯坦说，我们需要的是“行动中的智慧”。

如果你知道怎样做才正确，就拿勇气去改善自己的生活品质吧！你身边出现的救生艇和直升机实在不少，你看到了吗？

自信

有自信的人，是除了恋爱之外，

还找得到生命出口的人。

爱情不会把自信当赠品

根本没自信的人，

不会在爱情中得到自信。

太没自信心的人，很难在爱情中翻身做主人，不管他们谈了几场恋爱，只会成为恋爱的奴隶，也很难在过了热恋期之后，继续尝到爱情的甜蜜。

我看过很多人，一再地陷入恋爱，感到自己旁边没有女人或没有男人活不下去。其实他们的问题不在于没有男人或是女人，而在于自己根本没有信心，他们只好把生存的意义及活下去的信心，寄托在爱人身上。

是的，恋爱是必需的。很多人没恋爱谈，会觉得生活很无趣，但如果到了没恋爱谈活不下去，那就太夸张了。

没恋爱谈活不下去的人，会以出色的爱人为荣耀，但是另一方面，他们又因为自己无法掌控出色的爱人而苦恼。

他们其实深深明白，自己患得患失，或在爱情中缺乏尊严的委曲求全，是因为没有自信。除了情人眼中灿烂的火花之外，无法肯定自己的人，如果不沉潜泅泳在爱情之中，人生似乎就无所傍依。这样的爱情，不过是无能应对社会现实的一帖迷幻剂。

★

我曾经根据一个朋友的亲身故事写过一篇爱情小说，那个故事就我自身的经验而言是不可想象的，没想到写出来之后，读者竟然有很大的反响。

描写的是一个男人，最初隐瞒了自己已有一位相识相知的未婚妻，追求一位女同事，他让自己身陷在三角习题之中，而且并不想解决任何问题。两个女人，一个是主内的贤慧女子，一个是干练的新女性，她们在不久后就明白，有对方的存在。贤慧的女子不愿失去这个男人，但又不敢跟他大声抗议，只好采用一种“柔性”的进攻法，在男人加班时，她带了卤味去探望，碰巧那位女同事也在。她问男人，你吃不吃？男人板着脸说，不吃。女人就在宁静的办公室里啃起鸭翅膀来，发出沙沙沙的声音。在一旁整理文书档案的新女性忽然明白，她“斗”不过，也不想“斗”，或许因为这样的气氛太诡异。

“我有相同的故事。”一个朋友的妹妹说。有一天，有个嗫嗫嚅嚅的女人来找她，自称是那个每日送她鲜花的男人的女友，交往已有十年的历史。“我知道他很喜欢你，我只是……想来看看你的样子……啊，请你离开他好不好，我不能没有他——而你，应该不会没有他活不下去。你不要告诉他我来找你，不然他会生气。”

被追求的女人并未身陷情海，所以对这件事可以冷静地对待。“你不要那么软弱，”她跟陌生女子马上站在同一阵线上，“如果你原谅他一次，他还会有第二次，告诉他，你知道这件事！”

不久，男人准时按门铃，送玫瑰花到她家来。“你就坐在沙发上，不要怕！有我在，他不会对你怎样！”可是当门被打开时，她不见了。想主持公道的女人在厨房找到她，她正瑟缩在冰箱脚下发抖。男人看到她，要她回家。“我不会回去，我很……很……少出门！”她说。“那你怎么来的？”

“我请我哥哥顺道载我来的……你……你放心，我没告诉他这……这件事！”

发生了这件事后，朋友的妹妹以为，男人再也不好意思来送花了，可是第二天，男人仍旧准时来送花，当作那天的事没发生过一般。

不是每一次解决爱情问题时，都可以用啃鸭翅膀获胜；在电冰箱脚下发抖，也不会让人觉得值得尊重。

★

无疑，上述这个故事中，以完全低姿态出现的女人，大概可以在爱情“战场”上苟延残喘一阵子。不过，这么缺乏自尊心和自信心，也很难不在爱情中被人踩在脚底下。

我记得一位女性主义者的箴言：“如果你不想让男人践踏你，千万别躺在男人的脚底下。”

一个没自信心的女人，在恋情刚开始时，很容易以楚楚可怜的姿态让人爱上她；一个没自信的男人，也容易激起女人的母性情怀。可是，和这种人谈恋爱，一定越来越吃力。他们会不时妒火中烧、翻旧账，不然就会因为害怕失去你而扮演苦旦的角色，或在情绪上不断自残。

根本没自信的人，不会在爱情中得到自信。

★

我也曾经认识一些一谈恋爱就拼命问别人意见的人，我觉得，这也是很没自信的表现。

“你觉得他怎么样？”有一次，A 有了新的对象，又来问我的意见。由于我知道，她已经问过无数人的意见，也不是第一次和我讨论这件事情，于是我对她说：“我的答案跟上次一样，我很欣赏他，他很不错，不过，你是不是应该检讨自己一下，你自己到底想不想和他谈恋爱呢？又不是我们要和他谈恋爱，你拼命问大家的意见干什么？难道你认为自己谈个恋爱需要经过公民投票表决？”

她愣了一下，说：“我想……我是没有自信……我不知道他会不会喜欢我……”

“那你也还是问错人了。你想知道他会不会喜欢你，你确实需要一点儿自信，去问他。事实上，如果你有一点儿自信，你不必问他，问你自己，你应该感觉得到。”

我知道我说的话不是她要的答案。她需要一点儿安慰，要有人告诉她，她很好、很值得爱。但是如果她自己没有这个自信，每一个人的安慰也只能给她三十秒的自信，没法维持长久。

没有自信的人，根本不相信自己有魅力，怎么会散发魅力呢？

★

怎样才会有自信呢？

当然得有些专长、有些材料才行。毫无根据的自信，只是空中楼阁，叫作自大。

什么叫作有自信的人?

我想，有自信的人，是除了恋爱之外，还找得到生命出口的人。

温柔

百依百顺的女人，

把自己的幸福建筑在他人的疼惜之上——

万一，他人并不疼惜呢？

泪

“掉完眼泪之后，

记得把自尊找回来。”

“如果你这么笨，就不要来这里浪费大家的上班时间！你不要以为你犯的只是一个小小的错，你不可原谅……”

“我……我……我是无心的……”婉慧吸着鼻子抿着嘴，继续提出微弱的辩解。

“你当然是无意的，谅你也不敢有意！我昨天写了一整天，就是为了中午要把企划案给他们看！八大页，你‘不知怎样’就丢了，你的脑袋装的都是糨糊哇？你这样漫不经心，还想在大公司中工作？赶快回家，找个人嫁了。我看你平常热心有余、智商不足，将来最好的前途就是当义工妈妈！”

方文中是青年才俊，公司里新来的企划经理，如果没听过他骂人，全公司的人还不知道他的缺点在哪里。

“可能是在回家的计程车上丢的……”

“连坐计程车也会掉东西，蠢哪！”方文中连珠炮般地大声咆哮。婉慧终于忍不住了，第一颗眼泪无声无息地滑下来，接着是第二颗、第三颗，最后泪水像瀑布一样哗啦哗啦痛快地落下。方文中看见了，顿时关闭了嘴巴，脸上的表情在发现她掉泪后，骤然由凶恶转为温柔。

早知道昨天不要自告奋勇帮他打字、做表格。婉慧想，这本来不是我的工作，我觉得他不错，才自愿利用下班时间帮他忙的，没想到弄巧成拙……都是我多事。但即使我有错，你也不该对我凶——婉慧从小爱哭，思绪一乱或不知所措的时候，泪水就像地热区的天然热气一样涌出来，不可收拾。

方文中忽然变成一个做错事的小孩儿，陪大家看着她掉泪。他怔忡好一晌，慢慢吐出三个字：“对……不……起。”

“对不起，你不要哭，对不起。”

没料到，猛虎看到绵羊的眼泪，竟然没有继续发威，反而无声无息地低了头。大家都说，李婉慧是用泪水组成的网俘虏方文中的。这一点李婉慧也始料未及。事情的戏剧化转变在三天后，方文中写了字条给李婉慧：前嫌尽弃，我请你吃个饭吧！两个人便开始走在一起了。

至于李婉慧遗失方文中的企划案一事，当然让方文中很难堪，不过，方文中发过脾气后就没有再怪她了。她的泪水好像有神奇的作用，洗去二人之间的一切灰尘。

“对不起呀，我心情不好，我妈乳癌又复发，我又要工作又要照顾她，我……”他们在一家吵闹的广式饮茶厅吃晚餐，隔壁就是一家四代围着大圆桌其乐融融。一向很酷的方文中，也许因此想到自己的身世飘零，语气有点儿悲凉，眼眶中仿佛有晶莹的一抹泪光。

★

但李婉慧比方文中先掉下泪来。她是个泪腺天生发达的女人，看到街上有流浪狗她会哭；看到有人搭起办丧事的棚子，以及棚子上的挽联她也会哭；听到谁的爸妈生病、报纸上谁为情自杀、谁的小孩被绑架、谁死得不明不白，她的眼泪也会自然而然地掉下来。

“你真的很爱掉眼泪……”

“对不起！”李婉慧一边用袖子狼狈地拭去泪水，一边对方文中苦笑。

“没……没……没关系。”伶牙俐齿、骂人如切空心菜刷刷有声的男人，突然结巴了起来。眼前这个女人脸上的泪水仿如“通乐”一般，清扫了通往他慈悲心肠的那根水管。

他说，她跟他以前在美国的前任女友完全不一样。他以前的美籍女友是电视台的记者，作风强势，说一不二，在他的记忆里，女友没掉过一滴泪，和他沟通，跟在公事桌上谈判并无区别。“后来怎么分手的？”

“我觉得人在异国，总有寄人篱下的感觉，我决定回台湾。跟她沟通，问她要不要来，她哼了一声，列出一沓不能跟我回来的理由——我回台湾，她连到机场送我都不肯，因为她有重要采访。写信给我，也只说，自己选择的路要自己负责……”方文中的头越垂越低，语调也越来越轻柔，“现在我看到你，觉得会哭的女孩儿真可爱，其实……”

他心中正想说：“其实，笨一点儿也没关系。”还在犹豫这种“实话”会不会伤人时，猛一抬头，发现李婉慧又红了眼眶。他讲的故事有这么感人吗？

李婉慧也不知道自己为什么又哭了。她想到的大概是三天前被他在办公室同人面前破口大骂的委屈——现在，她不怪他，只怪他的前任女友，那个铁石心肠的女人，把这么一个优秀的男人弄得这么冷血无情。

好，好！李婉慧觉得，如果我不照顾这个可怜的男人，他就太可怜了。

方文中想得比她周全。两个人在同一办公室，恋爱谈得太招摇了，对双方都不利，何况他还大骂过她，怎么好在大家面前如胶似漆？和她约定，上班时间两个人装作不认识，下班后才是一对情侣。对于有MBA学位、又颇受上司器重的青年才俊爱上自己，自幼对自己的外貌、身材和学历都没啥信心的李婉慧，觉得受宠若惊。

★

“不知道人家怎么会爱上我的。”婉慧常向同事描述她那个匿名的“留美硕士”的男友，幸福的微笑洋溢脸上。东也提男友，西也提男友，就是不能“秀”给同事看，有一种独享秘密的喜悦，也别有一种难熬的压抑之苦。“怎么不带来看看？”“有缘就会相见啦！”婉慧总是神秘地说。

方文中性子急，和她也不是没有冲突，他最喜欢动不动说她笨，后来措辞更加不客气，会骂她：“你是猪脑袋呀？”李婉慧对付他急性子的方法，只有一招，就是哭。一哭，他就闭嘴了。“我最怕女人哭，好了好了，我跟你说对不起！我错我错！”

她对方文中可是百分之一百的好。他加班，她就回他的房子帮他擦地板、洗衣服、煮消夜，弄一个干干净净的家。她自以为填补了方文中前任女友对他的伤害，也弥补了自己的童年缺憾。李婉慧从小就在模范生哥哥和模范生妹妹的挤压中成长，连妹妹都瞧不起她，骂她爱哭鬼。可是，除了哭，她实在不知道自己凭什么可以得到父母的好言安慰。强势的哥哥妹妹在谈恋爱中总是纷纷扰扰，尤其是她妹妹，出社会后，爱上的男人总是阿猫阿狗的惹父母嫌，李婉慧能自夸的，就是有个优秀的男人安安稳稳地爱着她。

她的梦碎在不知情者的诚实告知。有一天邻座的阿蕊凑过脸来，对她说：“喂，你知不知道，行销部那个新来的女人跟方文中走得很近！”婉慧刚听这话，还会很神秘地说：“不可能的。”但某个中午看见方文中和那位行销部的企管硕士，从对面那家饭店一前一后走出来之后，她的泪水一整个下午流不停。

“哭什么？”回到家面对她的方文中，刚开始还以轻柔的口气探问，但婉慧越哭越凶，方文中也大致明白个中原因，不再问她缘由，只撇下一句：“你这么哭肿了脸，难看死了！你还哭，你知道苦瓜脸很难看吗？”然后，大步出了门。

李婉慧又在自己家里哭了几天后，去找那个传言中的女人。传言中的女人有双精明的眼睛，她除了流眼泪之外，根本说不出一句话。“他对我很重要，求你还给我吧！”女人把眼睛一扫，笑道：“但我对他很重要，你可知道？”

受了打击的李婉慧，忍不住坐在方文中的桌子对面，嘤嘤哭泣起来。方文中不动声色，继续改他的企划案，把她的哭声当成收音机里的轻音乐，皱着眉，低着头，当她不存在。所有看好戏的好奇同事，倒是常常抬头看他们的动静。

“你只会掉眼泪，到底有没有自尊？”方文中只说了这句话。

后来李婉慧辞了工作，也在发现方文中换了门锁后死了心，告别这个她以为可以用泪水软化的男人。她忽然明白小时候看的童话中人鱼公主的另一层意思：**如果一个女人只是静静地待在一旁流泪，而不敢让王子正视自己的存在，勇敢地去要一个亲吻，那么她的爱情也会无声无息地被当成泡沫，消失在时间的大海。**

泪水并不能唤回自尊。李婉慧在感觉一辈子泪水都流完了之后，发现自己没那么笨。方文中说的话很残酷，但如当头棒喝，使她的自尊长大了。

她到底还是个心好的女人。半年后，工作和恋情似乎不太如意的方文中，带着一身醉意来按她家房门，她还是让他在自己的臂弯里哭了个痛快。待他清醒些，她拭干他泪痕斑斑的脸，为他叫了计程车，让他回去。送他上车的那一刻，她以一贯的温柔对他说：

“掉完眼泪之后，记得把自尊找回来。”

她没他想象中那么笨。

女孩儿们，柔不等于顺

百依百顺的女人，

把自己的幸福建筑在他人的疼惜之上——

万一他人并不疼惜呢？

我在想，女人，常身陷于感情的恶性循环之中，或无法自拔于其实可以跳出的陷阱的原因，除了缺乏勇气之外，是不是因为，从小根本没有人教我们可以拒绝？

身为女人，从小被教导的，多半是“柔顺”与“接受”。

你有没有和我同样的经验？小时候，哥哥弟弟可以很皮地在外头混，跑来跑去，但是我不行，因为，“一点儿都不像女孩子”。什么才像女孩子？文静、端庄、温柔，爸妈说一是一，意见不要太多。

男生只要不在外打架，有个性点儿没关系，女生则连顶嘴都是大忌。

父母怕男生太乖，女生太不乖，会告诉女生说："你这种个性，将来会吃足苦头的。"

整个社会教女人百依百顺。

没有棱角的女人，也许会让她周遭的人觉得比较舒适，但是百依百顺、不会拒绝的女人，自己的人生未必会过得如意。**百依百顺的女人，把自己的幸福建筑在他人的疼惜之上——万一他人并不疼惜呢？**

恐怕她们也不能拒绝一生沉沦。

★

有几天打开报纸，不断看到令人触目惊心的消息，让我思考到爱与拒绝的关系。

据励馨基金会统计，在台湾孩子所受的性侵犯，一天就有八千多个例子，其中长期受害的女生占绝大多数。令人质疑"人性"的是，所有的加害者中，陌生人只占一成，其余九成竟然都是熟人，有高达四成七的加害者，和受虐儿童有血缘关系。

从这个报告看来，家长与其教女孩子"不要轻易跟陌生人说话"，不如教她们"如果有人想伤害你，你应该拒绝，想办法逃开，尽管他们是你的长辈，你也一定要拒绝"。

别再用“囝仔人有耳无嘴”来教育孩子，尤其是女孩子。如果你也知道这个故事：有个女孩在十五岁时，父亲就对她进行性侵害，连续五年之久。她姐姐十四岁自杀，也是因为同样的原因，只是她们的反应不太相同，姐姐想死，她很麻木。长大后，她不敢穿裙子，她不再相信“天下无不是的父母”，只希望有一场车祸把没良心的爸爸带走。

这个女孩子已经长大了，她仍在诅咒，却也仍不知该不该反击。“逆来顺受”的她说，这件事她不想追究了，但她觉得自己不够资格快乐。

还有一个女孩子，她所受的性侵犯来自父亲的好友，大人用“温柔”而非暴力的方式伤害她，她不知怎么拒绝，久而久之把这个侵害视为生活的一部分。长大之后，她害怕跟任何男孩子有亲密关系，只要她的生理一有反应，她就深深地自责。自责，远超过她对于侵略者的责备。

也有一个母亲，发现先生强暴他前妻的女儿，也猥亵自己生的三岁女儿，她向公婆反映这件事，公婆竟然要她牺牲孙女保护儿子。后来，她控诉自己的丈夫强奸未成年少女，开庭审判时，男性法官问案，经常暗示她，是不是太太性方面有问题，丈夫才会把兴趣转移到孩子身上？

这些真实案例曲折离奇，匪夷所思。遭受侵犯的受害者，自责重于一切，仍不敢责备“坏人”，他们不敢说出来，怕大人觉得这个小孩儿有问题；而不想姑息养奸的女人，面对的却是整个社会以近似极权的态度在姑息养奸！

受害者都为了“顾及家庭和谐”，而不敢抗拒大人的权威，只能躲在黑暗中默默哭泣。

我们不该再教下一代的女孩子“顺从为先”了。

应该先教她们学会判断大人的行为对不对。柔顺不会保证女孩儿会获得幸福；有原则、懂得拒绝才会让她生活在阳光下。

★

温柔和顺从是两回事。概念上，我们应该彻底分清楚。

千万不要因为男人喜欢“温柔”的女人（没错，哪一个男人不喜欢顺从的女人？）而把自己变成顺从的女人。

有一段话值得所有的女人铭记在心：

如果有一件事，会腐蚀你对自我的尊重，

那么千万不要以为，它会在其他方面会为你带来好处。

——Marcus Aurelins

谈恋爱时，女人常常会愿意放弃自尊去配合爱情。

我发现，不管爱情有没有结果，被放弃过的自尊、被扭曲的原则，都会变成阴影与梦魇。委曲求全来谈恋爱，得到的绝不是快乐，只有伤害。

回过头看看我们谈过的恋爱。美丽的回忆和不好的回忆，通常只有一个判断标准，那就是：如果你没有为了爱而牺牲你的人格与原则、如果你的爱人是个懂得尊重你的人，那就是一段“只要曾经拥有也美丽”的回忆。

那些踩践你自尊、扭曲你人格、强迫你屈从、虐待你身心的爱人，往往成为“就是他死了发讣闻给你，你都不会去吊唁”的人，一想起来痛心疾首，恨的多半还是自己。

为了爱情，“大德不逾闲，小德出入可也”，绝对不要说，为了你，我什么都可以改变。

★

爱不能改变一个人的本性。

台北地方法院的一位法官曾承办一个案子：一对男女同居多年，男人常殴打女人，女人也老是忍耐，挨打到订婚后也没改善；结婚前几天，男人又因细故打伤了女人，女人一气之下不结婚，男方还可以写下切结书，保证不再打女人，否则“任凭处置”。结婚后当然还是打，女方只好以“不堪同居之虐待”为由，一状告到法院。

天底下以为爱情和婚姻可以改变另一半的女人真是不少。我并不认为“凡事忍耐”是“爱的真谛”。

爱是“小事可以协调，人格不能受损，身体当然不能受伤”。受到拳打脚踢的女人，常宁以自杀遁走，或以“怕我走了他会对我不利”的借口继续留下来，竟不敢对抗暴力，拒绝这个男人的施暴。这是姑息养奸。

爱一个人，不代表你必须忍耐他的恶行。

你不必讨好虐待你的人，不管他是谁，你应该拒绝！我们的社会公理应该这样告诉女孩子们。

我们可以丢得起金钱、爱人，但我们最不该丢掉的是人格的尊严。对一个没良心的人付出爱，不如认养一条流浪狗！

★

看过 1997 年奥斯卡的最佳影片《英伦情人》(通常译作《英国病人》)，你印象最深的是哪一幕？

几个女性朋友的意见和我差不多。漂亮的镜头很多，精彩的片段也不少，但其中最令人感兴趣的，是男主角躺在浴缸中为女主角缝衣服的那一幕。

那件衣服，是在他激情难耐时撕破的（看来没什么经验的男人，大概也不晓得女人衣服怎么脱吧？）。激情过后，女人静静坐在一旁，看男人缝衣服，忽然发表评论说："好丑！"

男人说："总比你缝得好，你还连缝都不会呢！"

女人抿嘴神秘一笑说："会，也要说不会。"

真正是高招。

怎么说呢？一个没有在热恋时冲昏头，而对他说"我会为你做一切"的女人，其实是很罕有的。女人在想让男人为她倾倒时，常故意装作什么都会，一副"贤慧的查某人"的样子，恨不得摆出最柔顺又最能干的两个极端来，希望获得他的赞美、他的信赖。

传统的女人或者可以终其一生都摆出既能干又百依百顺的样子，但现代的女子如你我，"贤慧"的德行常摆不了多久。在我们制造了一个认为自己什么家事、小事都不必做的男人之后，我们常因过度疲惫或未得到适当回馈而生怨。**"一边做，一边唠叨过大半辈子"便成为爱情奉献牺牲的最后命运**。那个男人则已沦为幸福的生活低能症患者。

★

会，也要说不会。在热恋时还能有这种冷静头脑的女人，才是真正拥有“女权”的女人。

有这种智慧（你要说是伎俩也好）的女人不多。最近法国出版了女权主义先驱西蒙娜·波伏娃写给美国男友尼尔逊·艾格伦（小说《金臂人》的作者）的情书，书中的波伏娃的形象，从女权健将竟摇身一变成小女人，她在热恋期告诉男友说：“我愿为你煮饭、买菜、打扫，没有你的允许，我不会碰你的脸颊和肩膀。”并自称“对你百依百顺的爱妻”。

★

有人说女性主义败在爱情和买衣服两件事上，我倒觉得比较贴切的说法是，**女人常败在热恋期里**。

热恋过后，会，想说不会，多半来不及了。

占有

占有欲使人戴上美丽的爱神面具，
手中却大义凛然地拿着利刃砍向
所谓爱人的心窝。

来台女士养条狗

占有常常伪装成爱，

因此，每个爱情都危险。

占有欲，在所有的感情关系中，是一种必然存在的元素。但当它的浓度超过某个程度时，它会像病菌一样吞噬所有携带爱的红血球。

感到自己被他人意图强烈占有那一方，通常会反抗，这种侵略一定使其感到不快。

占有欲常伪装成爱与关心存在。以占有为爱的人常常指鹿为马地说：“我这是为你好。”也会忍不住逼对方选择，他们认为“如果你爱我（或如果你喜欢我），那么其他的感情关系对你而言都是不必要的”。他们甚至会理所当然地认为，对方如果没有了他们，就会活得不好。

占有伪装成侠客，存在于亲情、友情、爱情的草莽之间。

★

看看这一则真实的逸事吧。我是在一篇为野狗伸张正义的读者投书中读到的：有位来台女士，在丈夫离开台湾的前几天，把自己养的爱犬送去安乐死，然后再将骨灰带回原居住国。朋友问她，难道没有更好的方法吗？这位女士说，她的国家不许动物入境（应该说是，动物入境检疫相当麻烦），把爱犬送给人家养，她又不放心；只好忍痛让狗安乐死，烧成灰带走。

投书的人说，这个真实故事使他感动，意指台湾人对流浪狗普遍的弃养与不愿关爱，使此女士寒心，要大家想想，有人爱她的狗，如此情深义重，我们怎能不感到汗颜？

我同意，我们对流浪狗不厚道，但上述这个真实故事没办法让我没头没脑地感动，只让我感到一阵寒心。我想，一定有更好的方法，可以让这只狗幸福地活下去，而主人竟可以因为“如果不是我照顾你，你一定活得不好”的逻辑来毁灭它。这个刽子手，未免当得太情深义重了吧！

竟然有人还大大地感动！

占有欲很狡猾，它常伪装成爱，并且创造了一套封闭性的逻辑推理，在壮烈凄美的挽歌中，一切破坏似乎都可以被原谅。类似的逻辑，不只曾发生在来台女士与狗身上，更发生在每一天的社会版上。我看过很多匪夷所思的例子。比如：有个男人因受人欺负，心生不平，带了两个女儿到宾馆企图上吊寻死以资抗议；女人因为丈夫有外遇，一心想寻死让他后悔，与其把孩子留在凄凉世间没人照顾，不如带他们一起开瓦斯或投河；男人不满前妻有了新欢，于是持刀杀了前妻和另一个男人；念博士班的男学生因女友变心，就在她实验室下毒，想趁女友中毒在床时殷勤陪伴，求她回心转意；代好友把孩子养大的女人，在好友已有能力照料、要带回孩子时，竟勒死了小孩儿，然后自杀，遗书上还写着：既然此生无缘，就要和这个小宝贝在天堂见面。

脑袋稍微清楚的人，就会洞然于心，这是占有，不是爱。多少罪恶假爱之名而行！占有欲使人戴上美丽的爱神面具，手中却大义凛然地拿着利刃砍向所谓爱人的心窝！

在占有欲作祟下，多少人的命运，成为来台女士的狗。

★

任何感情关系，都夹杂着占有的渴望。但渴望越深，这样的感情关系越不成熟，被爱的人渐渐会感到苦多乐少，难以呼吸，爱，因而稀薄。

我在友情关系中，也常看到占有欲换上另一种声音，说："如果你要和他做朋友，那我们就绝交！"

我们连朋友交友的自由，都要控制。

别以为这种排他性友谊只会出现在小学生或中学生的同性之间，我观察到很多人在长大之后，仍然以这种恫吓之语对待朋友。排他性不只对情人使用，也对同性的朋友使用。

"你到底是和我一国，还是和他一国，你只能选一个！"成年女人之间的友谊，仍然常常出现这种专制而独断的声音。我对成年男性的友谊圈较无观察，但一位男性友人说，在他看来成年男性也是一样的。

"你是马还是兽？"逼得可怜的朋友两边不是人。为什么我们没有肚量承认，它本是一只蝙蝠，它可以飞，像马；它的长相，像兽？

排他性有时是"自动"出现的，比如已婚妇女自己会感到，除了丈夫之外她不该有别的异性朋友，甚至是同性朋友。很多女子在恋爱失败或婚姻失败后才发现，自己早已朋友全无。

自愿被占有，又憎恶受束缚，也使我们在爱情中痛苦。

★

从前的女人（现在当然也还有）喜欢问男人一个问题：“如果你妈妈和我一起掉进河里，你只能救一个，你会救哪一个？”

这种左右为难的问题，让回答者不是陷于不孝，就是陷于不义，只是一种刁难。会问这种问题的人，潜意识之中最坚固的是占有欲，而不是爱。他们认为：你的世界有我就够了，如果你爱我，其他一切感情关系都不是必需的。

要煮好一道菜，不只需要放盐而已；要煮出一桌美食，也不能只有一种烹调方式。一个人的感情世界如是，只有友情，只有亲情，或只有爱情都不会圆满，为什么我们要把棉花和铁放在同一个天平的两端称量？演讲时我曾问，被问过这种问题的请举手。有位高中生怯怯地举起手来，说：“我……我还没女朋友……但……但……上礼拜问我这个问题的是我妈，我应该怎么回答？”

我相信，他妈在当他爸的女友时，也问过同样的问题吧！只希望自己在对方心中是全部，叫爱吗？我们会告诉自己，我爱他，全心全意，无悔无尤，其实只是想全心全意地占有。

“问这种问题，也可以得到百分之百让我感动的答案！”一个念大学的女孩儿对我说。我不相信，除非那个男人是孤儿，否则怎能答出让女友满意的答案？不是——

“我男友说，他会先救他妈，然后再跟我一起跳下去！”

看！我们的占有欲确实会指黑为白，让我们沉溺在流沙之中，还以为自己如履平地。难怪，现代人再怎么文明，还是很难让彼此在爱情中互惠、互相成长，只想互毁——如果我不快乐，你怎么可以开心？如果我活不了，你也甭想苟且偷生……我们的爱，因而与理性绝缘。

★

占有常常伪装成爱，因此，每个爱情都危险。

不希望跟来台女士的狗一样下场的人，总得花一些力气，了解爱的真正本质，并且勇于剥开占有欲的伪善面具。

厌倦

你感觉自己必须离开才能求得生存，

但离开，

未必意味着永不回头。

幸福，不快乐

那种不快乐，因为他真的不错，

也没错，所以无从挑剔，只能埋在心里，

不知怪谁，只有怪自己不知足、

怪自己脾气坏、怪自己人在福中不知福！

早几年，子丽一定不会原谅德仁的。如果说，当初刚出校门的子丽是一张白纸，那么，德仁就是一个莫名其妙把一瓶墨水倒在纸上，然后逃之夭夭的顽童。

“你，还是一样漂亮！”在某室内建筑杂志社的开幕酒会上，有人从背后拍了萧子丽的肩，子丽猛然回头，仿佛有人倒了一盆冷水在她的头上。还好，是五年多前的事了；还好，周围也没有知情的亲朋好友在场。子丽除了惊愕之外，不必考虑自己错综复杂的面子问题。

她礼貌地点了个头：“你，怎么会在这里？”

“这个杂志是我朋友的朋友创办的，我刚回国，没什么事，就来当他们的顾问。”商德仁说话的样子，变得有点吊儿郎当，“你呢？”

“那么，我应该说，你那位朋友的朋友和我们的老板有些交情，所以我们公司上这个杂志的广告，我来捧人场。”子丽说。

“这里人太多，到外面那个咖啡厅去，我请你喝咖啡如何？”

子丽的心情还是很矛盾，她曾经发誓，即使这个男人发讣闻给她，她也不愿意再见他最后一面。偶然见了面，却很难拒绝他，怕拒绝了他，一辈子等不到第二次偶然吧！基于一种惜缘的心理，她走在他后方三步，脑袋一片空白地跟着他到了外头的小咖啡厅。

“我……后来到美国去，念了室内设计硕士回来。因为半工半读，所以足足念了五年！”商德仁说，“你喝什么，还是喝水果茶吗？”

他还记得她的小习惯，这个男人在离乡背井的五年内，一直记着她吗？那他并没有自己想象中那样无情无义。

“蓝山咖啡。”她说。

“以前你喝咖啡会心悸。”商德仁点起一根烟。

“我的心脏比以前强多了，很禁得起刺激。”子丽说这话难免没有一点儿报复的意味，“你以前也不抽烟的。”

“我现在的坏习惯也比以前多很多。”他开门见山说，“可不可以不要做比较研究？我知道，对不起你的人是我。你现在过得如何？听阿力说，你两年前结婚了，嫁给你以前的同事，一个很忠厚老实的人，过得很幸福，是不是？”

“是呀，很幸福。”子丽看着窗外，一条腿上有癞痢的流浪狗，畏畏缩缩地横过马路，“你呢？”

“孤家寡人。我，其实是真的不适合婚姻的……”

“你终于肯讲出这句话，可见这几年来，你也不是没有稍微成熟些，好现象！”子丽再也忍不住气。

“啊，没错，你还在生我气吗？”德仁问。

怎能不气，他不声不响地逃婚！亲友们礼饼都吃了，礼金也缴了，新娘一脸盛妆，穿戴一脖子的金饰，让礼服裹粽子似的绑着身子，苦苦等待，所有的亲友都出动了，一遍遍地回报：“找不到新郎！”

明明在前一天分手时，他还含笑送她回家，对她说“好好睡”的。如果他被绑架、出了车祸、猝死在半路上，她都可以原谅他，但他却是用自由意志逃脱的！当初并非她强迫他娶她，是两个人心甘情愿的，而且还是他的母亲来说的亲，说商家只有一个儿子，反正他们已经谈了那么久的恋爱，赶快送作堆吧！子丽对德仁的好，大家也是有目共睹，每个人都知道，他娶她不会吃亏。可是德仁竟然逃走了！“我能不生你气吗？”想起那时的尴尬、彷徨与无助，子丽的嘴唇仍然气得颤抖，“你为什么不能设身处地为我想一想？你如果不想结，你大可以告诉我，不要临阵脱逃！”

“对不起……我也不知道自己当初为什么那么懦弱，我知道你对我很好，我家人也都喜欢你，我也……我也觉得跟你相处很愉快的，可是那天晚上我忽然很害怕，我感觉我的人生会被排进一个永远也跳不出来的公式中，像一只被放在蜘蛛网里的蚊子……”

“你的意思是说，我就是那只黑寡妇蜘蛛吗？”

“我不是这个意思……”德仁说，“你是个很好的女人……”

“可是你要告诉我，其实你从未爱过我，是吗？”

德仁沉思了好一会儿，似乎绞尽脑汁在想，怎样说才不会伤人。时移事往，他只记得，两个人念书时自然而然走在一块，先成了朋友，又自然而然地成了情人。爱呢，也许不曾轰轰烈烈地爱过，但什么又是爱呢？爱本来就是抽象又模糊的感觉，无法确定的感觉。

结果，德仁的姐姐和姐夫，一对在日本结婚、在台湾还未宴客的新婚夫妻，在众人慌乱成一团的时候解了围，上台说，我们愿意充当新郎与新娘。听说德仁在花莲一个避世隐居的朋友家躲了好一阵子，就到美国去了。德仁在学校念的是商贸，到美国去学的却是室内设计。

“应该说，跟你在一起，很幸福，但不快乐！”

什么叫作很幸福但不快乐？子丽呆住了。原来幸福和快乐还可以分开来讲。难道不是吗？她嫁给陈子祥三年来，是很幸福，因为陈子祥是一个跟桌子一样不会跑的男人，对她不错，但她并不快乐。**那种不快乐，因为他真的不错，也没错，所以无从挑剔，只能埋在心里，不知怪谁，只有怪自己不知足、怪自己脾气坏、怪自己人在福中不知福！**

她也明白，当陈子祥环住她的腰，问她“我们什么时候生个宝宝”时，她没来由地觉得厌烦与恶心，是为了什么？不过是跟商德仁得了一样的病，幸福而不快乐！

她忽然明白，什么叫作幸福而不快乐。这一刻，她看着商德仁，不自觉地露出会心的微笑。也许她也该透透气，暂时出走一下，想想自己到底要怎样。

“知道你过得很幸福，我的愧疚感也少了一半。”商德仁和她道别时，画蛇添足地说。子丽看着曾经许过终身的男人，心想，如果当初他没逃走呢？两个人会变成怎么样？**像商德仁这种很难长大的男人，会给她幸福还是快乐？也许既不幸福又不快乐。**他的逃走，至少让她学会坚强，告诉自己，世界上不会再有比这更令人难堪的事了，怕什么呢？

有情人终成“倦属”

嫉妒，

或许没有疲倦来得叫恋人痛苦。

嫉妒，或许没有疲倦来得叫恋人痛苦。嫉妒的时候，爱情至少还是生动的，疲倦感让人想要从窒息的黑暗中逃走，对曾经烫热的爱情，仿佛失去了所有的欲望。你感觉自己必须离开才能求得生存，但离开，未必意味着永不回头。

★

我想，每一个恋人都有不同的“爱情温度”，有些人并不能一直承受着高温，他们必须偶尔闪开一下，让自己感觉不那么黏腻。而有些人能够保持高温较久，他们意识到疲倦的时间较长，往往不能了解，为什么他看到我的时候，脸上隐隐有不耐烦的神色，他暗示着我的关注让他疲倦，爱情要消失了吗？

温度仍然保持在高温状态的人，成了“爱情疲倦感”的受害人。而那个首先感到疲倦的人，既内疚，又无可奈何。他也不知道，怎么会变成这个样子，怎么样才能让自己不再感到那么累。

恋爱在暧昧不明的时候，任何一种疲倦都会被热情和想象力掩盖。当关系逐渐稳定后，疲倦，或者说是惰性，慢慢浮出水面来。如果你要他再像以前一样，你在三更半夜去找他，还要他帮你做消夜，他不会再像从前那么殷勤；你问他，你爱不爱我？他不会再像从前，带你到海边对着满天的星星发誓，最爱的人是你；你若一再逼问，他会说，要不要我录一卷录音带给你，要听几遍就听几遍？他把你对爱的索求过滤成了怀疑。是的，疲倦感像夜幕一样低垂了。

★

有情人终成眷属的爱情稳定感使恋人们如获至宝，但当关系趋于稳定时，倦怠必定来袭。

有情人未必会成为眷属，但一定会成为“倦属”。没有排解过疲倦感的爱情，很幸运，因为你刚好享受到爱情最呛的那一段滋味。但不了解爱情会有疲倦感的人，对爱情的真正面目，还未看分明。

有人用向心力和离心力来解释男人女人在互相接纳后的互动。约翰·葛瑞（John Gray）说，女人的注意力是向外投射的离心力，当她被接纳后，总是彻底忘我、全心仰望对方，被对方的需要搞得心慌意乱。

而男人在被女人接纳后，则会将注意力从她身上收回，投注在个人的需求上。

也许男女真有不同，这对于我们的上一代，要求“男主外女主内”，男人外头的事比女人多得多的时候，或者说得通。**现在的女人，在爱情被接纳后，未必不会有离心力**。有离心力的人，如果你只是想用绳子缚住她，找个理由挣脱绳子飞远，会变成她最想做的事。

我听过如下个案：有一个女人一直想结束关系，虽然她的闺中密友不断劝告，这样的好男人已经找不到了。她认为她的男人懦弱，因为他在与她有任何冲突时总是摸摸鼻子走开，或者低头说对不起，默默忍耐她的咆哮（这样的好好先生你有什么好嫌的？爱扫他人门前雪的人说）。她是个护士，常值大夜班，如果是在她上夜班前，两个人有些不愉快，男人就会在她离开后大扫除、煮夜宵等她回来，桌上通常还会有一束含苞待放的玫瑰花。前三次她很感动，可是久而久之他的讨好让她十分不悦（你到底在抱怨什么？我们想排队找这样的男人呢！）。她最后的结论是，她要的是真正的男人，不要这种扶不起的阿斗！

当爱情的船只驶进了疲倦的岛屿，我们开始为伴侣贴上标签。被下了判断后的爱情（比如，他很无趣、他一定不是好丈夫、他没有责任感，或她很黏人、依赖性太强、控制欲太重）很难再找理由翻身，只有静静地等待沉船。

是因为没有新伎俩，爱情才沦亡的吗？也许我们也不愿意看着辛苦摘来的丰硕果实干瘪，于是不断地找新伎俩来挽救疲倦。人们常用的新伎俩包括结婚“看看”、生个孩子来“玩”、度假散散心（散散疲倦感），也包括寻找第二春。有的外遇毁掉爱情，有的反而证明原来的爱多么可贵。

★

真正的病因只是疲倦，不是我们常听到的“个性不合”，所有的爱人都会遇到疲倦的，在爱情里也需要睡眠。罗兰·巴特在《恋人絮语》一书中说，疲倦，就像外科大夫在恋人的脑袋里塞进一个大棉花球：

“我害怕一切会损害爱情形象的东西，因此我害怕看到对方的疲倦，它是爱情的对头中最残忍的一个。怎么样对抗它呢？”**如果我们不把疲倦感看成爱情的一部分，我们就会惊慌失措，越惊慌越无法对抗。**

绝大多数的言情小说都很狡猾，它们只写爱情前头最甜美的部分，以及受到阻碍时激荡出来的浪花；它们未曾描述过疲倦。于是我们的想象力无法接受有情人成为倦属的可能。

孤独

当他说“我得好好静一下”时，

并不意味着你必须诚惶诚恐，

怕失去他的爱，

成熟的爱人尊重爱人的孤独。

为何越爱越孤独

有了爱情真能逃避孤独吗?

对于一个耽好孤寂的人来说，伴侣并不是一种安慰。

——莎士比亚

爱情与孤独之间，存在着非常微妙的关系。

有人因为害怕孤独而选择爱情，不管那个爱情的品质是否合格；有人在爱情中越来越感到孤独，最后，爱情只成了压在胸口上的责任；也有人因为喜欢孤独而害怕爱情的牵牵扯扯，怕爱成为自由人生的绊脚石，只好逃走；有人得到爱情之后，抱怨情人让他不时咀嚼孤独，可不可以多陪陪我？

有了爱情真能逃避孤独吗？

我想，不能。人生中有人相依的感觉真好，但是毕竟没有一个肩膀，可以真正无悔无忧地让你随时随地、大事小事往那里一靠。爱情的魔力，确实会使我们许愿，成为心爱的人的倚靠，但过重的倚靠力量，往往使我们的肩膀发疼，无法继续承担。

耐心被纠缠消磨后，誓言往往成了悔不当初的记忆。

没有人能承担天长地久的倚靠，在时光的荏苒中，倚靠你的人，总会成为你的人生压力，这时，你的孤独和逃离变成了迫切需要。

有一次我看见某报上有一位自称“好好先生”的男子投书，他说，他已经年逾六十了，事业小成、家庭美满、子女优秀，人家都羡慕他的美满人生。他有个好妻子，煮一手好菜，家事井然，两个人看似配合得天衣无缝。但他还是很想离婚，他想突破美满的表象，只因他的美满婚姻，是因他承受了妻子许多的盘问、追索、调查与控管而来。他想喘一口气。至少，在尽了人生责任后，让他喘口气吧！

他说，他那个年代的女人，确实常受男人欺压，可是像他这种男人也有哇，谁来替他们说话？

“我一看那封匿名的读者投书，还以为是我爸写的！”我的一位朋友开玩笑，“再仔细瞄一遍，才断定不是，因为我妈没煮一手好菜！”

这名投书男子其实是“德不孤，必有邻”，我为他叹了口气。我知道，即使是世人看来都美好的事，在当事人心里，可能则是一番滋味在心头。

如果爱情与爱情带来的责任，完全侵占了我们所需的孤独的自由，那么，生活也比监狱好不了多少。

他的妻子，必是一个没有安全感的人吧！

没有安全感的人，害怕孤独；害怕孤独的人，怕面对自己，也怕面对生命的真相。

我看过很多人，没有安全感的人，选择了爱情当他们的安全感来源。最后，只是把爱情谈得越来越不安全。爱得越深，不安全感越重，质疑越多，恐惧越根深蒂固。

越爱越孤独。

★

在《爱的艺术》一书中，弗洛姆说了一句爱的箴言：“唯有能在孤独中自处的人，才能掌握爱的艺术，不致在爱的旋涡中幻灭与迷惘。”

能在孤独中自处的人，能给自己安全感，他们不是因为害怕孤独才寻找爱情。他们不是那种在大水中乱抓浮木的人，他们有泳技，所以也比较不容易把漂过来的稻草当成救命舟。

没有安全感的人谈不好恋爱，也很难让爱情中快乐多于苦痛。这是我在许多爱情事件中的观察与体认。

跟没有安全感的人谈恋爱，也绝非享受。久而久之，压力真的很大。爱情若“任重而道远”，你只觉越来越吃力，像匹驮着棉花行入溪流中的骡子。

没错，在我们爱上一个人的时候，我们常觉得自己的生命和他人有了牵系，因而焕发光彩，我们有了“生命因而有意义”的感觉，沉溺在心有所属的幸福中。

可是，如果我们还没成熟到能够享受孤独，那么，这样的爱情也不过是一种幻觉。

若依据弗洛伊德的看法，这种爱情和恋母情结并没有什么不同。胎儿以脐带和母亲相连，从出生后一动一静都受母亲照料，使得婴儿以为，母亲是他身体的一部分，他有所求，便得到满足与解决。

“连体”式的爱情观，与弗洛伊德所说的恋母情结，似乎有异曲同工的地方。那意味着，我们并未长大，只祈求保护与不再孤独。

我常听到这样的话，男人说：

“爱情虽然让人痛苦，总比孤独来得好些。”

女人说：

“我要的不多，只是希望在伤心无助的时候，有坚固的肩膀可以倚靠。”

我们追求爱情，难道只是想要重返婴孩与母亲的脐带关系，回到那个没有风雨的子宫里？

如果是这样，我们长大、谈恋爱，只是为了追求一种“退化”。

我深深体会“能在孤独中自处的人，才能掌握爱的艺术”的含义。能在孤独中自处，才有资格谈爱情。否则，爱情常变成两个急欲企求“退化”的婴儿，呶呶不休地指控与战争。

★

如果我们能把孤独视为生命不可剥离的一部分，则有助于我们了解恋爱，也能减轻失恋时“世界毁灭”的痛苦。

每个人都需要孤独。有些人比较需要孤独。“在印地安传统中，一个勇士深感沮丧时，会进入洞穴，不让任何人跟随。大家都明白，他必须独处，才能排忧解愤，他的妻子于是受到警告，若她不知趣地随他入洞，必会被洞中火龙烧死。勇士做好调适后，便会再度出洞，回归正常生活。”

这段话出自一位畅销书作家约翰·葛瑞（John Gray）的书中。他引申说：“当男人封闭自己时，女人可别自作主张试图予以协助，这时需给他必要的空间，了解他正处于疗伤止痛的过程，信任他有能力应付一切……当男人在封闭中受到干扰时，将会变得十分不可理喻。”有时，我觉得我就是一个印地安勇士。

他又说，感到巨大压力时，大部分男人有能力在刹那间完全封闭，女人则是一步一步封闭。

也许男女大不同。但我想，无论男女，我们都需要孤独。我们都需依靠孤独让自己的混乱沉淀、过滤，需要孤独思索，只有在孤独中，才听得见心中的声音。

孤独也是爱的一部分。当他说“我得好好静一下”时，并不意味着你必须诚惶诚恐，怕失去他的爱。**成熟的爱人尊重爱人的孤独**。

金钱

活在当下，是心态问题。

如果你现在的一切不能使你满足，

那么，不管你拥有再多东西，

你都不会满足。

坏女人的献礼

听说嫂子中风，

梅华的愧疚全涌上心头。

听说嫂子中风，梅华马上要儿子为她订了机票到洛杉矶。虽然人家说美国的安养院照顾得好，但是，一个老人家，身边没有亲人，到底还是处境堪怜。虽然……

“妈，你急什么？舅妈不是还有三儿一女吗？表哥表姐他们不都在美国，他们要飞到那里，比你快得多！”儿子说。

“你知道什么，”即使年逾六十，梅华急躁的脾气一点儿也没改，“她的儿子女儿如果管用，她就不用进安养院了。”

儿子没敢吭声，深怕母亲也把“不管用”的范围扩张到自己这儿来，呆呆看着母亲不断把东西“倒”进大皮箱。母亲从前是高中英语教师，个性又独立，她一个人到美国去，他没什么不放心。可是……

如果他没记错的话，他的母亲和舅妈从他出娘胎以来就是冤家。梅华每次提起自己的哥哥，就会说：“他好几次邀我们到美国去度圣诞节，我也很想带你们去，可是，我就是不想看到那个坏女人！”……“妈，我可不可以问一个问题？”

“什么问题？”

“你不可以生气……”年逾而立的儿子，说话仍然嗫嗫嚅嚅，八成遗传了他老爸的懦弱，梅华岂能不生气。“不气不气，”她不耐烦地说，“有屁快放！”

“妈，你什么时候跟舅妈又变成好朋友了，你以前不是常骂她抢了家产？……大舅的葬礼你也没去参加，怎么……”

“呸呸，过去事不要再提！你妈做人的好处，就是心胸宽大！”

为了确保她无后顾之忧，每次出国前，她一定会把保险箱钥匙藏在哪里，再叮咛儿子一遍。

坐在飞机上，引擎声震得她难以入眠，趁着一片黑没人瞧见，梅华从皮包里掏出了那个织锦袋子。手探进去，沁人的冰凉。她用手摩挲着那两只翠玉手镯。

她不是圣人，难免会犯错。也许嫂子不是坏人。这其中一只玉镯，若不在嫂子咽下最后一口气前交还给嫂子，她自己会终生难安。梅华想。

多年前的往事了。那时她本来考上了公费留学，在美国念英语教学研究。念了半年，一封电报把她召回家，说父亲病危。回到家，父亲已经去世。

多少年来，当家的老早是嫂子。嫂子把父亲的遗嘱拿给她看，说明父亲把一间大房子分给哥哥，小房子分给她当嫁妆，其余黄金、现金各半。大房子小房子，如今她已无异议，她那小房子的所在地，就是如今台北东区的黄金地点，如果她没早早卖掉，会比当初那大房子还值钱……可是嫂子当时以冰冷的口气说服她接受这个事实时，她老大不高兴。一听嫂子说，黄金、现金老早给慢性病缠身的父亲拿去当医药费后，厚厚的一抹猜忌镀上了她的眼睛。“你们该不会趁我出国就……”话未说完，嫂子已经翻脸，不同她说话。

这倒好，梅华也顺便隐藏了一个事实，那就是她自己的母亲还在世时，曾给她一个木盒子保管，里头有两只祖传的翡翠玉镯，本来叮嘱过她，如果嫂子真为梅家持家持得好，待父亲死后，一只给嫂子，一只她留着。梅华索性自己全留着，作为报复。

嫂子约略知道玉镯的事，但彼此交恶之后，也拿她没办法。

哥哥全家移民美国，理所当然不再往来。直到十五年前，也就是她大哥车祸去世的三年后，不知为什么，嫂子开始不定期地寄美金支票给她。

梅华想到这件事，抱着机上的薄毯子，呜呜哭了起来。还好有那笔钱，不然，她和她的儿子，也很难度过经济难关。梅华怪自己没眼光，嫁了一个好赌的丈夫——十五年前，她不堪债主天天逼债，丈夫又继续沉溺赌桌，她毅然离了婚，所有家产都卖掉充债，她则一个人带着四个孩子租屋维生。

教员的薪水刚刚喂饱了一家五口，现在还和她住的儿子刚考上私立学校医学系，昂贵的学费让她头疼不已，还好有嫂子不定期寄来的经济支援，一直到几年前才终止。梅华怪自己气量不够大，一声谢也没对嫂子说。她唯一做的投桃报李的事，就是在嫂子生日时，用儿子的名义寄一大皮箱土产去。嫂子应该知道她的感激吧？

听说嫂子中风，梅华的愧疚全涌上心头。此时不把玉镯送给嫂子，何时能够？

到了洛杉矶，梅华直奔安养院。嫂子是重度中风，已呈弥留状态，儿女都在跟前。梅华把镯子套上嫂子的手，玉光灿烂，众人看呆了眼睛。嫂子似有意识地紧抓着梅华的手，一阵暖流在她的血脉中穿梭。

“这本来该是你妈的，”她对嫂子唯一的女儿，也就是自己的侄女说，“以后就是你的。”

侄女邀她为嫂子整理遗物，问她要不要带回一些老照片当纪念。梅华义不容辞地把嫂子带进安养院的东西分门别类。她拿走几本哥哥的老相簿，也带走嫂子的往来信件和几本日记簿。

回台的飞机上，梅华又睡不着，戴着老花镜，翻出嫂子的日记来看。她看到十五年前的某一天的一则记事：

“医生说，我的胆固醇已经高得不像话，**如果再偷吃高能量食品，就要开支票寄给我最讨厌的人**。我看，我只能把钱寄给梅正的妹妹了，不然除了她，我哪里还有讨厌的人？”“医生说，每吃一块牛排要签一百美元，一球冰激凌五十美元……如果我继续偷吃，是同时消耗我的生命成本和荷包。可是，人生在世，乐子实在不多了，不吃怎么办？”“收到梅华寄来的土产，里头竟然藏着一只板鸭，吃掉这只板鸭，梅华不知道又该赚多少？”

飞机正在太平洋上空两万多尺处。梅华一边看，一边拭泪。旁边学生模样的女孩儿被她吵醒，看见她的嘴角有笑、颊上有泪痕，蒙眬着眼问她：“老太太，什么书那么好笑？待会儿借我，好吗？”

谈钱伤感情

财富并不属于拥有它的人，

只属于享用它的人。

谈钱伤感情，这句话不时飘进每个人的耳朵里。

对我们每天必须使用的钱，我们似乎存有一种暧昧的情结。我们喜欢它，却不敢承认它的重要性；我们抱怨它，又不能失去它。不够用，我们很难活得称心如意；太多，我们也未必称心如意；“刚好”不就没事了吗？但是，什么是刚好呢？百分之九十九点九九九的人，都说不出刚好是什么数字。即使他们拥有了过去所追求的“刚好”，他们还是会发现另一个借口，追求另一个“刚好”，“刚好”刚好都是无穷无尽的一串等加或等比级数。

★

多年前，有个决定脱离上班族行列自创事业的长辈曾说：“如果我的银行存款有了一千万，我就决定要退休了，好好去过属于我的生活，旅游、种花、画图，过我想过的日子。”

吃苦耐劳、意志坚强的他，生意做得很不错，不到几年，银行存款就有了一千万。他抱怨每天累得跟狗一样，客户难缠、员工难伺候、一点自由也没有，但他并没有退休的打算。“生意还可以做得更好一些……好不容易打下来的天下，啊……”“过几年，再上轨道一点儿，我要选个可靠的人，把棒子交出去，这样我就可以过自己的日子，旅游、种花、画图、养几条狗、当个农夫、做点儿慈善事业……那样的人生才有意义！”

梦想的项目逐渐堆高，银行存款数目也逐渐堆高，他对现实生活的抱怨也逐渐堆高。有一天他告诉我，他赚的钱，三辈子也吃不完了。我问他：“你不是曾经说过，有一千万就要退休吗？”

他呵呵笑道：“一千万算什么？现在利息很低，一千万放在银行里，一个月不到六万块利息，怎么够用？”“……其实不是钱的问题……”他又说：“我真的很想退休，不要再做钱的奴隶，可是，就是找不到一个可以信赖的人交出棒子……总不能把好不容易做起来的事业随便葬送掉吧！”

他始终没有退休，最后的人生休止符，是在陪客户应酬喝了太多的烈酒而画下。那是一个寒冬的夜里，他没有挣扎，因为心脏衰竭而停止呼吸，进入永恒的睡眠。

也许天堂里可以找到一个地方，让他种花、画图、养几条狗，否则，岁月“欠”他的梦想向谁追索？

他的一生让我想到一句话：**一个人积聚了财物，而不拿来享用，无异于一只驴驮了黄金而食草。**

也许富兰克林的话更直接一些。他说，财富并不属于拥有它的人，只属于享用它的人。

★

依我的观察，我发现：会说出“不是钱的问题，只是……”的人，在他心中，钱才是这个问题的真正问题；动不动就表明厌恶拜金主义女人的男人，其实是对自己值不值得被爱缺乏信心；看你努力工作故意说风凉话“钱赚那么多做什么”的人，其实是有七分醋意，虽然爱不到，但最爱钱，不然，为什么他们马上把话锋转向钱？没看到工作的“前”途，只看到“钱”途。

★

不清楚是谁教我们“钱是万恶渊薮”的，也许是因为，《圣经》中有如是的话语：骆驼穿过针的眼，比财主进神的国还容易呢！

其实**金钱只是仆人**，如果我们应该责怪，责怪的应是不懂得如何用它的主人。

我记得一位传教士说过，如果你的足迹曾遍及世界，你会发现，**富有不是罪恶，真正的罪恶是贫穷和无知**。贫穷，使人为了要抢夺生存的空间和有限的粮食，变成人吃人黑吃黑的世界；无知，使人不择手段地扩张他的贪婪。

重要的是，你怎么用。

★

我不止一次听到一个广播人跟我抱怨，他上的班钱太少，看来没前途。（是没“钱”途才对吧？）

“这个工作你喜欢吗？”我问。

“嗯，还不错，可是我的薪水才两万五，工作又累，我看做几年也多不了几千块，没前途……”他说。

“那你觉得你做什么会有“钱”途呢？”

“有人叫我去做保险，可是为了赚钱要去打躬作揖我也不愿意……”

那就不必可是了。如果你真是“爱其所爱”，就要接受“所爱”所带来的一切物质条件。天下的肥水不会“不由自主”地都灌注在你身上——钱多事少离家近，轻松愉快没烦恼。省省吧，连做梦时，这种“不劳而获，名利双收”的美梦，一辈子都不会碰上！

“你做这行多久？”我又问。

我不愿骤下判断，告诉他先选所爱，看能在工作中得到什么最重要，钱为次要。如果我这样说，他一定会想，哼，你是“饱汉不知饿汉饥”。但若我告诉他，并不是很久以前，我刚出社会时，一个月才拿一万块薪水，为了做我喜欢做的事，一天十二小时待命，离上班地点往返又花两个小时，我从没觉得钱少。当初只要有人愿意用我的稿子，我也从没嫌过稿费低廉，因为那是我喜欢做的事。

我不想提当年勇，因为只有过气的人喜欢提当年勇，动不动就拿“想当年”来教诲比自己年轻的人，就会变成欧巴桑。

“一个多月……”他说。

我的天！一个多月就推想到自己没“钱”途，真是太“急功近利”了！

我也不喜欢一个人，因为那个工作比现在工作多几千元，马上见利思迁。你应该考虑的是，那个工作环境，是否更能让你发挥、让你快乐、让你有更多学习的机会。

当然，我也对投身赚钱的行业而发挥服务热忱的人感到钦佩。因为主持“EQ 高手”的节目，我认识不少优秀的股票营业员、保险业人员、直销业人员、中介人员，还有摆地摊的人，他们都在自己的行业中赚到钱，也学到好脾气、好耐性、乐观开朗，他们并不是为了钱而打躬作揖。

如果真的爱钱，对钱也要有敬意；对赚到钱的人，更不要投以看暴发户的眼光。

★

我们总觉得别人赚钱容易。

有一次坐在计程车上，一如往常，那个看来斯文但面带愁容的司机也开始埋怨塞车、交通混乱、政府没决心，说完他叹了口气，说：“唉，我们这行，钱真难赚！”

“你知道哪一行钱好赚？”我忍不住问。

他愣了一下，笑了。“对呀，都不好赚！我以前在工地做过工，更辛苦。你们这些上班的，读那么多书，坐办公室坐那么久，拿一份死薪水，我也做不来……”

对豪富巨贾而言，钱也不好赚。头上的每根白发，不都是运筹帷幄的痕迹？

★

对金钱，我们为什么没有一种“活在当下”的态度？总在埋怨手边有的、眼红他人有的、追求想要有的，对有和没有都心生烦恼。我们或许应该想想梭罗说的话：**“灵魂的必需品不用钱买。”**当然你也别急着否定钱，举双手开倒车主张“清贫”，因为**生活的必需品仍需用钱买**。

只是生活的必需品，一个人能享用的真的很有限。你再富，你再贫，怎样的衣与食所提供的都只是温与饱。

活在当下，是心态问题。有位哲学家说，如果你现在的一切不能使你满足，那么，不管你拥有再多东西，你都不会满足。

两万五时你不快乐，当你拥有月薪两百五十万时，你一样不会快乐。

★

对没有经济重担的年轻人而言，汽车大王亨利·福特曾经给过一个很好的忠告。

“老年人常忠告年轻人要节俭，这是不好的忠告——不要吝啬，投资在你自己身上吧！我在四十岁前，未曾省过一毛钱！”成功前破产过五次的汽车大王说。

★

男人和女人对钱的态度不一样，心理学者曾经做过一个调查。

加州大学洛杉矶分校的两位学者纽克和赖柏，调查了六百多名大学生，发现女孩子对金钱比男孩子有罪恶感，容易觉得赚大钱的人不道德；男生对金钱较无恐惧，金钱让他们觉得自己有自信、有魄力，他们也比较尊重有能力赚钱的人，不会以“铜臭味”视金钱。

奇怪的是，家境好的男生会更懂得理财，而家境好的女生比家境差的女生更害怕金钱。

我想，这个报告如果是在台湾做的，调查出来的结果大概差不多。**男女对金钱的观念常有差别**。

结婚时，满腔热情的爱人会觉得钱不是问题，爱情比面包重要；婚后，日常生活的摩擦，常出自金钱观的不同；万一离婚对簿公堂，闹不平的常是什么东西该归谁的问题。人已失了，财似乎不能失。

金钱观的差异，常只是冰山一角，也可能牵引出成长背景、性格的不同及人生观的差异。“耻言利”(羞于沟通金钱观)的爱情，是很难天长地久的，不如在恋爱成长期先开诚布公地谈一谈这个问题吧!

分享

一个成熟的人，

在别人问起过去的情人时，

应该有雅量保持适度缄默，

或说："他是一个好人，只是我们不适合。"

越云淡风轻越好。

众目睽睽，姻缘难为

婚姻“结束”不等于婚姻失败。

前一阵子，好多银发夫妻或名人夫妻都在“闹”离婚，有的已经结束了姻缘，劳燕分飞；有的还在勉力维持，离散未卜。

闹得轰轰烈烈时，我总不觉得该针对某某人的婚事写些什么。人家正闹得不愉快，你还掺进一嘴，未免流于八卦，沾上“东家长西家短”的长舌之嫌；再者嘛我明白，每一桩婚姻自有一本难念的经，**婚姻“结束”不等于婚姻失败**，人家又没请你当法官，判定谁是谁非，我们又何必多是非？三者嘛，人家离婚是两个人的事，何苦逼他们向社会大众交代。有天我看见某报把歌坛才子的离婚“宣言”弄上三版，不免替他们同情哀叹：众目睽睽，姻缘难为。万一其中一方不小心在记者面前说错了一句话，另一方岂能不心存芥蒂？原来本可以好聚好散，分手后仍是孩子的好爸好妈，新闻一炒，把双方对婚姻的怨言添油加醋一番，辟谣与澄清之际，不翻脸成仇真需要大度大量。

★

人人都是窥秘狂，可是，像婚姻这种私人情事，其实是容不下那么多双打量的眼睛的。在公婆姑舅或亲戚好友“密切注意”下的婚姻，尚且令人感到窒息难耐，何况是那么多双陌生人的眼睛。

有位颇具知名度的女作家曾说，她结束婚姻已十几二十年，至今出席有关婚姻的座谈或演讲时，仍有人问她，婚姻失败的原因为何，到底是谁的错，大有兴师问罪之意，也暗喻“你这个失败者凭什么来教我们正确观念”的嘲讽。她说，习惯了，能坦然面对就理直气壮。**这个社会到底还是普遍有“离婚等于人生失败”的潜意识，**很多人骨子里还是认为“离婚的女人一定哪里有问题”，对离婚的男人，倒没有那么主观的否定意味。难怪很多承受家庭暴力的女人，差点送命，还要依偎在已发恶臭的婚姻下水道里。

虽然以台湾当地诉请离婚的判例来看，主动诉请离婚的都是“忍无可忍”的女人，但社会还是认为，这些女人一定犯了“七出之罪”之类的“信条”。

看离婚案，我们能否文明一点儿，别再用“道德犯罪”的眼光来评断无法再维系婚姻关系的人，什么时候我们才明白，**离婚未必要分清谁是谁非，生活中本有太多的是是非非？**

公众人物的婚姻比凡人难维持，也因为这些以口舌主持“道德正义”的陌生公婆们太多了。

★

众目睽睽，姻缘难为。两个人，常变成两大政党努力地争取选票，因为爱已失落、心很空虚，所以不理性的人就“不择手段”地争取社会公理的支援，拜托拜托你投我一票吧！

搜集了一大堆“同情票”的人，往往是到处抱怨对方是如何如何忘恩负义、对不起自己的人。是的，即使全世界都站在你这边，大家都知道那个人是个没天良的坏东西，又怎样呢？在爱情中，你还是输了，而且输得很难看。你虽然一边指责，一边还爱着那个“天杀的”烂人，但他在听完转了一圈又到他耳里的控诉之后，难保不发誓：好哇，再也不要看到这个让他一脸灰的家伙。

恋爱也一样，分手时若还有友情在，谁是谁非，忘了吧！别请一大堆陪审团。生命中很多情事纠葛是旁观者无法看清的。

★

有时在爱情中的旁观者，太多嘴了，反而会挨两巴掌，碰一脸钉子。比如说，小莉在吵架后，对室友阿香控诉："那个浑蛋，根本是个花花公子，我瞎了眼才会看上他！"阿香一听小莉如此大彻大悟，于是火上浇油，说："哼，我老早就告诉你，他不是好东西，谁叫你，唉……不听我的话——没错，他是百分之百的花花公子。有个秘密还没告诉你，其实大一的时候他就对我有意思，只是我没理他而已！"

小莉闻言更加气恼，哭哭啼啼一阵，跑去找男友理论，没想到又被男友哄好了。这下子，绝交的是小莉和知无不言、言无不尽的阿香。

类似阿香这种努力帮人谈恋爱，别人未必成功，自己却失败的人，在如今的大学校园里，多得不得了，你知道吗？

★

谈恋爱、论婚姻，别再玩幼稚园级的友谊游戏了吧——"我讨厌他，如果你是我的朋友，那你也要跟着我讨厌他"，这是很多人的爱情逻辑，所以才会在恋爱发生小挫折或面临分手时，到处拉选票，非得要贯彻“汉贼不两立”的王权大义不可。

如果是一个成熟的人，在别人问起过去的情人时，实在应该有雅量保持适度缄默，或说：**“他是一个好人，只是我们不适合。”**越云淡风轻越好。

两个人的事，“观察家”的眼睛最好只有两对，你的眼睛和我的眼睛，大家心知肚明就好，尽量别请外人看免费电影吧！

性爱

女人不该把性当成“赠品”，

男人也不该理直气壮地说

“爱我就要给我”，或保证

“只要你把贞操给我，我就会珍惜你一辈子”。

父责

人之所以为人，

就是因为有勇气、

肯为自己的过错负责。

“唉唉唉唉唉！”高庆恩最近老觉得自己的耳朵怪怪的，原来是他一直接收到一种叹气声。声音打哪儿来呢？坐在客厅看晚报的他留神一听，很惊讶地发现，叹息声并不来自唠叨的老婆，也不来自多愁善感爱看文艺小说的女儿，更不是来自自己那个悲观到了极点的“老处女”妹妹（高庆恩因为受不了妹妹的洁癖与阴阳怪气，所以老在背后如此揶揄自己的胞妹），竟然是来自那个只会打篮球和电玩的儿子。

难道他得了少年维特的烦恼？他几岁了？十六，还是十七，不不，十八了吧！十八岁生日才在几个月前度过，硬要他买部摩托车当贺礼，高庆恩以安全为由拉下脸来拒绝，买了一部电脑当替代品，为了这事，父子俩怄了几天气。

神经比水管粗的儿子，叹什么气呢？在家一向不管事的高庆恩觉得很好奇，问老婆，老婆说："我看你别乱问的好，一问，搞不好又要花好多银子！"但是，高庆恩才在晚报上看到一个新闻：青少年因感情问题想不开上吊自杀，厌世原因还与父母的冷漠对待有关。

他决心问一问。"大盛，"高庆恩为了要让儿子感到自己是个朋友，不是长辈，声音难免做作了些，"你最近看来心事重重，可不可以说来听听？闷在心里会生病的……"

"哦，没事啦！"

"你要知道爸爸很关心你，没有什么事不能说的……"

他知道，自己必须诚恳以待，不能急，呼吸要维持与小孩儿一致，一急小孩儿就不说真话。上个月公司开了"情感规划"的课，强迫大家听讲，他睡了半堂课，但还是学了些技巧。

"爸，你是不是最近又去上了什么成长课程？"大盛摆着"心知肚明"的表情看着他。

"你怎么知道？"

"你每次上课之后就会回来关心我一下，把我当白老鼠！告诉你，我没事！”

“可是你在叹气呀，一定有事，你以前从来不叹气的。”

“噢，是吗？”

“告诉老爸，我发誓帮你保守秘密，不告诉妈妈，我也会尽力帮你解决，除了买摩托车这事甭提之外——”

“好吧，有人分忧解愁也好，可是你没办法替我解决的。问题太大了，有个女孩儿，她说，她怀孕了，要我为她负责！”

“什么？”高庆恩仿佛被百磅硬物打到脑壳，眼冒金星，“你……你多大，专四？嗯……”

“爸，我才专三。”

“太早了吧？这……怎么得了，我的天！”

“爸，你理性点儿，事情已经发生了；还有，你别紧张，我还没说我要负责……”大盛耸耸肩说。

问题是他这个“恐龙时代”的中生代所始料未及的。

“怎么可以用这种态度面对女生！”一瞬间，高庆恩的正义感泉涌而出，真想乱棒打死这个吊儿郎当的不肖东西！高庆恩想，我一向行得正坐得直，平常以身作则，怎么会好竹出歹笋，生出这种不负责任的东西！

“那我应该负责吗？”

“这……”高庆恩又犹豫了。他连“准媳妇”的面都没见过，就该大力支持她进家门吗？“你……爱她吗？”他吞吞吐吐地问儿子。哎呀好肉麻的“爱”字，这字连自己老婆都没听他说过。

“我不知道。”

“你连爱不爱她都不知道，就……”不不，不能骂儿子，报上说现在的青少年忍受挫折的程度是很低的，重话他们受不了，“那你喜不喜欢她？”

“喜欢？有那么一点儿吧！”大盛说，“所以我才会情不自禁，我身不由己，爸，你有过身不由己的感觉吗？好像一个木偶，被看不见的丝绳牵引着，所以……”

问得好！哪一个血气方刚的正常男孩儿没有那种感觉呢？在看不见的线绳牵引下，“老母猪变貂蝉”！“有哇，不然我怎会娶你妈？”

大盛扑哧一声笑了出来。因为这句话，父子俩的并肩作战气氛又浓了几分，反正说了就说了吧！“想当初，也是你妈叫我负责的，不然怎么会生下你！”

“爸！我认识你这么久，你第一次不像假道学的老先生！”

高庆恩不知儿子是在褒他还是贬他，只能苦笑。

“爸，所以你会原谅我吧！我们同是天涯沦落人，你告诉我，我该怎么做？我想负责，又不愿意一辈子被绑死，我没那么爱她，但是不负责，又像衣冠禽兽，对不对？”

“我不能跟你相提并论，那时我已有独立的经济能力，年纪也超过二十五了，你现在算哪根葱。”高庆恩暗暗诅咒。

“爸……你在想什么？”大盛问，“你决定好了吗？”

“我……我再想想……明天你上学前给你回话！”

高庆恩彻夜难眠，翻来覆去，老婆问他：“你到底有什么心事？”碍于和儿子的约定，他拒不回答。该不该负责呢？他可不是青少年，他知道两个决定可能会有的结果，副作用都很大。

早上六点，他蹑手蹑脚地到儿子房间。“该死的东西，竟还睡得这么熟！”他摇醒儿子，儿子背过他又睡了，他只好拿手上那本从老婆书架上拿《女性百科》轻打儿子的头。

“看看这本书吧！你快要做爸爸了！”

“啊，看书，我不要看……”大盛惺忪着眼，直觉地说。高庆恩这儿子，从小怕读书，教科书是他妈押着念的，其他就别提了，长到这么大，还没自动买过一本有白纸黑字的书，连报纸都懒得看。“生你这个智障！”高庆恩又暗骂了一声，“我决定了，你还是应该负责！”他清了清喉咙说，**“人之所以为人，就是因为有勇气、肯为自己的过错负责。**今天去对她说，你负责！”高庆恩把书留在儿子床上，砰一声关了门。

这天的班上得心不在焉，身为银行职员多年的他，头一次在结算时发现现金收付账目不对，害他多加班了两个小时，才找到问题症结。

大盛到半夜十二点才溜进家门，等得他心急如焚。一回来，竟然有心情打电动玩具。

“说了没？”高庆恩想松开脸部僵硬的线条，但是很难。

“没。哇……干掉他！……干！死了。”大盛还不肯放开游乐器。

“放下！你为什么没跟她说？难道还要我替你说？”

“没轮到我说啦，”大盛说，“我有个学长杨志豪先说他愿意负责了。”

“怎么又有别人？”

“原来她一次找五个人，问他们愿不愿意负责，大概这样一定会找到一个来负责吧！杨志豪愿意，那就给他负责好了。”大盛对他微笑，一副如释重负的样子。高庆恩简直、简直没办法相信自己听到的话。他忽然感觉自己老了。没有任何一刻比这时候还让他沮丧！高庆恩悄悄退出大盛的房间。别人的孩子不关他的事，他最失望的还是大盛的态度。一连几天，他都故意不看儿子一眼……

“爸，你给我的书我看了，”有一天，大盛放学回来，看他妈不在，爸爸在看报纸，便坐在爸爸面前，一脸喜色地说起话来，“爸，我现在才知道，我和她接吻，还有那样毛手毛脚……不会怀孕！”

高庆恩怔怔地抬起头，听他的“不肖子”继续说下去：“我那学长杨志豪才好笑，人家后来发现只是生理期错乱而已，他竟然说他要负责！”

高庆恩松了口气，但他一点儿也不觉得好笑。“上中学时你没上过健康教育课？”“有哇，老师叫我们那两章自己看，那也没讲什么嘛！”

第二天大盛放学回家时，赫然发现自己的书架上多了一整排《性学报告》《××与你谈性》的书，桌上还有着爸送的“成人礼物”——保险套。

虽然我还是不同意你骑摩托车，不过还是请你在这件事上遵守交通安全！骑摩托车，请戴安全帽。

——自认“养子不教父之过”的老爸留

爱与性的迷思

女人为何不能大大方方地承认自己的欲望?

我国古老的民间笑话集《笑林广记》里，有许多荤笑话。有个笑话叫《软萝卜》：

嫂嫂和小姑两个人，看见了一篮萝卜。小姑偶发奇想说：“这篮中的萝卜，要是能变成男人的阳物就好了。”嫂子说：“如果是软的，更好。”小姑不解，问嫂子：“人家都说是硬的好，你怎么会说是软的好？”嫂子说：“软的硬起来，一篮就是两篮。”

还有一个骂儿子的笑话：有一对夫妻和两个儿子同睡一张床上，想要做爱，怕孩子还没睡着，于是叫了儿子的名字看看他们睡了没。两个儿子都没有应声，这一对父母就以为时机成熟。在翻云覆雨时，女人太高兴了，大笑说：“我要死了！我要死了！”其中一个儿子竟然大笑出声——原来，并没真睡着。女人恼羞成怒，情不自禁地打了孩子一巴掌。另外一个儿子忽然出口说：“打得好，打得好，谁叫他妈要死了不哭，反而笑出来，真是该打。”

★

相较于文人所写的节义烈妇传，从这些民间文学更可看出，中国人其实很清楚，女人有性高潮，也有性幻想，并不是流传着王宝钏苦守寒窑十八年的“性压抑”故事。从《笑林广记》的许多荤笑话看来，我们的老祖宗们从不疑惑性能使女人快乐，女人一样渴求着性满足。

饮食男女，人之大欲存焉。不管当时道德主义者如何视性满足为禁忌，而这些民间笑话却把“人之常情”勾勒了出来。

近代的性学专家在研究后发现，男女的性幻想虽然小有差异，但也有相似处。比如：在白日梦、自慰及进行性行为时，男人和女人出现性幻想的频率其实是差不多的，其性幻想的内容，也一样无奇不有。在自慰时，幻想与所爱的人做爱的比例也很相近。只不过男性的幻想对象，较有明显的性器官，性动作也出现得比较快；女性的幻想对象多半是自己认识的男人，男性幻想的情节则比较“小说化”。女性在性幻想中处于“被动”的多，“受迫”情节出现率为男人的两倍。当然，“受迫”会为女性带来性的愉悦，但并不代表女性在现实中希望被施暴。

欧美的性治疗师认为，织梦式的性幻想对于性兴奋有刺激作用，也可以在性行为时达到高潮。固然，有些来自创伤经验的性幻想，则对性格复原是有妨害的。可是，我们对性幻想却常抱持着罪恶感，尤其是女人，在相当保守的教育环境中中规中矩长大的女人，常把性视为不洁。常有二十岁左右或更小的女生问我：“可不可能一直谈柏拉图式的恋爱？”我察觉到，这个问题中通常包含着对性的恐惧和排斥。坚持纯纯的爱的女孩儿们认为，性是不洁的，清风明月的爱情不能有“性”的成分，否则爱情会受到污染。但这并不表示她不会用身体交换承诺，为爱将性“牺牲奉献”，而并非出于享受心态（他爱我，我只好给他），给他之后，又被强烈的不洁感所包围。如果在交出身体后，恋爱并不顺遂，那种怨天尤人与憎恶自己的情绪，就一发不可收拾。

★

女人为何不能大大方方地承认自己的欲望？我们当然不必上街高喊“只要性高潮，不要性骚扰”，但至少我们要了解，性不等于性骚扰。我们并非“只要”性高潮，我们要爱，也需要性高潮，不要性的罪恶感。

“我把最重要的东西都‘给’他，他却对我越来越冷……”我还记得念大学时，一位同班女同学伏在我肩上哭泣的样子。那时我义愤填膺，跟这位恋情受挫的同学，想法并无二致，我也觉得那个男人太不应该，她“给”他，他怎么可以在“得手”之后没对她更温柔体贴？

后来我才了解，任何恋情的变质，并非因为“男人得手”就觉不新鲜的缘故。爱情的变数实在太多，相爱容易，相处本来就比较难，而亲昵生侮慢，爱人间摩擦也会越来越多。而性，也不该是一种“给予”。当我们把性当成“给予”，祈求交换，是污蔑了爱情与对方的人格。

女人不该把性当成“赠品”，男人也不该理直气壮地说“爱我就要给我”，或保证“只要你把贞操给我，我就会珍惜你一辈子”。基于一时的肉欲需求所提出的山盟海誓，如同沙上之水，不久就不见痕迹。

女人也常因想“洁身自爱”，对“性”过分敏感，以为一沾上性，爱就失去它的圣坛。

“你不要那么紧张，别把每个碰到你的男人都当作色情狂！如果你不喜欢，我绝不会有任何行动！”——有个谈了多年恋爱都不顺利的朋友说，在她二十八岁那年，认识了一位个性成熟的男子，她才找出自己的病因——她的母亲一直教她，好女孩儿要冰清玉洁，而男人都不是好东西，只想要你的肉体。她在长久的洗脑下，只要在恋爱谈到有点儿肌肤之亲（这里说的只是牵手或搂肩），她就像惊弓之鸟，心中的警报器哔哔响，两个人的关系也告终。还好后来遇到一位成熟又理性的男人，和她在“身体语言”的概念上做沟通，她也慢慢了解，原来过去她动不动把男人当色情狂是很可笑的。

性是人类与生俱来的本性，对性有罪恶感，等于对自己的身体不能接受。用“好恶心哦”去看性的人，很难在两性关系中身心健全、生活愉快。

爱，迟早会碰到性，但性绝非爱的目的。我想，人人都同意爱比性拥有更高的层次。一次性行为只是几分钟或几十分钟的过程，而一份值得的爱情则是一生的功课。

从性到爱的旅程

……今日我们都害怕讨论性，为什么我们这么怕这个主题？就是因为，人们已预先假定，只要他们谈论到性，他们就会变得有性欲……

……就性而言，人类的做法不比鸵鸟高明，他们认为只要闭上眼睛，只要不看它，性就可以消失……

……人们把眼睛闭起来，产生无数的内在冲突……百分之九十八的心理疾病都是因为性的压抑，百分之九十九罹患歇斯底里症的女人都有性的压力。

——奥修《从性到超意识》

（OSHO，From Sex to Superconsciousness）

这一段引文，曾使我哑然失笑或会心微笑。

那是当代心灵大师奥修散发光芒的地方，他总是用语气决绝的三言两语，勘破许多迷惘。

他讲性，但他关心的并不是性。

我从他的著作中开始读到真爱的讯息：

性是爱的根源，但是爱，具有更高的品质。

如果你不能接受性，对性充满观念上的敌意，你的生命里无法真正充满爱。

而爱的满足，比性的满足更有价值。

而无欲与超意识，也要透过性来完成。最后，性会被放弃。

不要谴责性。他说。

莲花的根深深埋在淤泥里。不要谴责泥巴。

对性的谴责，换来藏在我们心中深深的自卑与矛盾，这个阻碍摧毁了爱的可能。

什么是爱？爱很难形容，但“爱带来自由，一个不带来自由的爱并不是爱”。

爱不是支配与占有。

爱是一只自由飞翔的小鸟，整个天空都是它的家。而我们，通常为“爱”创造出黄金牢笼。

我们害怕天空太广大，害怕小鸟永远不会飞回来，爱变成监禁。没有自由的爱，只剩下一具尸体。

我无法拒绝他的话语：

……一个人应该爱，强烈地爱，充分地爱，不要担心明天。如果今天让你那么喜乐，你要相信明天会更美，会使你更欢喜。当你的信任成长，爱会对你越来越大方，会有更多爱降临到你身上。

……爱不是一件永恒的事，它跟其他任何活生生的东西一样，它会改变，不需要责备任何人……只有不真实的爱才可能是永恒的。真实的爱，像春天一样的来临，然后它就走了，对于既成的事实，不需要去悔恨……

——女性解放的新观点

（A New Vision of Woman’s Liberation）

人们对性本能上总有极大的兴趣，但不能一直停留在性。许多所谓爱，只停留在性，对爱漠不关心。

要从性走到爱。爱之后，路还无限宽广。

从一方面来说，不要只从这一本“性”的书来了解奥修。它只是一个起点、一滴露珠。不要只拿眼睛注视露珠。

但从另一方面来说，从露珠你可以了解水流，所有的水流终归大海。是的，露珠和大海组合本无二致。他的道一以贯之。

★

目前为止，我一直从他的书中得到许多东西。

我知道我会得到更多。

虽然，他说的是无。Nothing is better than anything（无，胜于有）。

但我明白，并不矛盾。

从性到爱，是一个旅程。从有到无，也是一个旅程。

只是，你必须移动。

移动，但保持觉知地不动并不矛盾。

往前走，但并不真正往哪里去，并不矛盾。

自由

互相尊重自由是情人们相处的最高艺术。

当“失去自由”

变成一个人对一份感情的怨叹时，

爱情已经死亡了。

要爱，也要自由

只要是身心正常的人，

有谁不想在爱中求自由？

每一次校园演讲之后，如果还有时间，我会请一两位同学自愿上台讲故事。三年前与今天的大学生最大的不同点在于——三年前，他们会说："这是我室友（或很要好的同学）的故事。"现在，他们正义凛然地说："这是我自己的故事。"

那么坦然无畏，真帅！

有个穿红衣洋装的漂亮女孩儿让我记忆深刻，她一开口就说，**自己刚和男友分手，因为她实在受不了男友这也管、那也管，**她穿得漂亮就怀疑她有意勾引别的男生，到宿舍找不到她就要求她交代行踪。他那么在意她，所以盘问她，她却感到不快乐，最后，为了自由，她决定和男友分手。

“我是需要一个男朋友，并不需要一个保全人员！”她说。全场大多数的同学都笑了，有些人，则若有所思地苦笑着。

★

还有一对男女朋友，在决定结婚时，自认为“理性”地做了理性的约定，比如：生活费共同负担；顶多生两个孩子，男女都不要紧；你做菜我就洗碗；等等。男人还特别强调一样：我结了婚，仍然要自由。

什么自由？女人小心翼翼地问。不得不小心，因为自由的范围太大了。

好在男人所要求的自由并未触犯她对婚姻的理念。男人只要求，周末可以如昔和朋友搓麻将，逾夜不归女人也不得抗议；他也还要保留他的运动时间，比如打网球、打高尔夫球……

女人同意了。是的，男人的健康是女人的幸福，男人有点儿小嗜好也不应该被剥夺，不是吗？

过了五年，婚姻状况大致平顺，男人仍维持他的“自由”，但女人却发现她越来越有窒息感。因为只有两个人的时候，他自由，她也可以自由；**一家多了两个孩子时，他自由时，她一定更不自由。**

他理直气壮地去享受他的自由时，她变得越来越容易动怒。

有一天她忍不住了，告诉男人，她也有享受“自由”的权利，她决定每周一、三、五下班后和同事打一小时的羽毛球，那意味着每周有三个晚上男人必须自己服“家庭劳役”失去自由。她才打了两个星期的羽毛球，感觉体型稍有缩减时，男人开始抱怨了，她也感到“对不起家人”，自动退出“争取自由”的运动。不过，未免有点儿心不甘情不愿，她想她一星期总可以花两个小时上插花课吧！

此后，每一次发生口角，她若对男人抱怨自己给家庭绑住，男人总会回敬她：“我也给过你上插花课的自由，不是吗？”为什么牺牲自由的总是女人？她心理上越发不平衡。

★

说来很矛盾，没错，不论男女，**只要是身心正常的人，有谁不想在爱中求自由？**而爱与自由，常常变成鱼与熊掌不可兼得。

有人为爱情而放弃自由；有人为自由而放弃爱情；也有人先因爱情而情愿放弃自由，后来想想不划算，这样当囚徒过一生，人生意义何在？于是无论如何，也要拼命一搏，再为自由（这里的自由，常指的是重新谈恋爱的自由和重新追求新生活的自由）放弃原来信誓旦旦的爱情。

有人一生一直重复地摆荡在这简单的两个阶段里，还是搞不清楚自己在追求什么。

其实我想，**爱情的定义中，已经包含了不自由，**因为没有一个人不希望自己是对方的唯一，希望对方最灼热的眼神只投向自己。爱情必包含占有，占有必带来不自由。走入婚姻，有了孩子，则是不得不不自由。

西哲有一句名言说：自由是唯一一种你不给人，自己就没有的东西。放在男女之间，最适用不过。

你不给他自由，你也得苦苦看着他，自己并不自由。婚姻中，不互相给予对等的自由，各自担待一些不自由，总会有怨憎。

我想，婚前婚后的最大不同在于，婚前的自由，大致是天赋人权；婚后的自由，则是另一方的“施与”，不再那么理所当然——这是很多过惯自由日子的人害怕结婚的理由，这种惧怕，很有道理。

“可是，没有失去自由的人，不会真正了解自由的意义。”刚走出一个处处受限的感情的朋友感慨地说。对他而言，失去自由后再次得到自由，他才第一次感觉到自由的滋味。爱得纠缠而苦恼，也不算白爱一遭。

★

很多走出“纠缠不休、痛苦不已”的感情经历的人，心死之后都会在倏忽之间体会到一种海阔天空的畅快。只不过这体验也持续不久，不久孤独感慢慢入侵，又投入爱中，又希望彼此拥有，彼此占有了自由。

在自由和不自由间，情人们真是妾身千万难。

我一直相信，互相尊重自由是情人们相处的最高艺术。当“失去自由”变成一个人对一份感情的怨叹时，爱情已经死亡了。

彷徨

也许经过许多年月，

通过种种爱的煎熬蒸煮后，

你发现，当初爱上的是爱情本身，

并非那两个人。

代客订货

男人保持立场模糊，

两个女人则恨不得用堆积如山的

邮购产品把对方压死。

这场“代客订货”的战争是那一个女人先挑起的。

收到第一份“寄错”的邮购产品时，胡芳珍还没有嗅到战火已被点燃的气味。挂号邮包上清清楚楚写的是“胡芳珍”，她的名字。她明知那个产品不是她订的，她还是按捺不住好奇，打开来瞧瞧。里头是一件整型的“魔术”内衣。芳珍拿来试穿一下，挺合身的，她告诉自己说，留下来吧，反正，她正需要这么一件。第二天到办公室，她还跟隔壁的嘉倩说：“喂，你知道吗？现代的邮购公司真是神乎其技呀，他们不知哪里弄来的客户资料，不但知道你的姓名、住址，而且知道还你的size（尺码）……”

“哪儿有那么神的？”嘉倩说，“一定是你到某个内衣专柜买内衣时留下的资料。”

“我倒不记得有这件事。”芳珍想了又想，没有任何相关记忆浮现脑海。

“很贵吧？”

“还好啦，三千多元。试用满意后两周内付款，很划算的，不然……也不知道该到哪里买这种内衣。”

后来胡芳珍大大痛恨自己的天真，不，是无知。她后来才知道，这是某一个女人骚扰政策的第一招。她竟还兴致勃勃地穿着整型魔术内衣秀给未婚夫元祥看。

“喂，效果怎样？有没有比较棒？”

“差不多啦，”经她三催四唤，躺在床上看报纸的元祥才抬起头来，“外型不重要，实质才重要。”

“什么叫作实质才重要？你……”女人对有关自己身材的评论都是极端敏感的，“你对我不满意，对不对？你这个色鬼！”

“别乱扣我帽子。”元祥又低头看报，一点儿“行动”的意愿也没有。芳珍想借魔术内衣撩拨一下元祥，但他似乎无动于衷；她本来想借穿着新内衣在元祥身边翻来覆去，他没反应，不知不觉她便睡着了。

他那么累，原来是有别的女人。如果不是黎娟告知，她也不会知道，元祥竟然敢趁她出国旅游时，带女人进他们的爱巢里来！不然，黎娟不会看到她的内衣尺寸。

黎娟以她的名字邮购内衣给她，无非是在嘲笑她的 32A 身材急需调整一下！胡芳珍对自己“中计”相当懊恼。

先是内衣，然后，名堂可多了，各式邮购产品纷至沓来，有英语录音带、自动念佛机、儿童丛书、按摩棒、解码器、避邪水晶、仿尚方宝剑——那个女人，黎娟，还知道她的信用卡号码——她也翻过她的信件……有整整一个月，她每天一回去，管理员就会喊她:“胡小姐，今天又有你的挂号哦！”

芳珍费尽九牛二虎之力，把邮购公司的试用品一一退了回去，并向信用卡公司解释，那些货真的不是她订的。为绝后患，连信用卡都退了。

“好歹得找出凶手！”凭着女人的直觉，自认为迟钝如芳珍，也会把办案重点放在元祥身上。她是看在他老实才跟他交往，也看在两个人从上大学开始就是班对的分儿上，在他当完兵后就和他“定”下来，并没想到他会老实到把女人带到家里来。

她问元祥的同事，同事们都支吾其词，她就知道，这定局已经生了变数。“他中午都跟黎娟一起吃饭，黎娟，你认识？”

芳珍没什么印象，想了很久才想起，有一次听元祥说过，他公司总务处有个小姐很热心，年初会帮他报所得税，这样就日久生情了？芳珍去邮购公司调出“仿冒者”的签名，又把元祥去年的所得税报税单的影中本调出来看。哼，果然是她！

明人不做暗事，芳珍一查明真相后，马上打电话到元祥公司找黎娟。黎娟没想到有人会这么迅速确实地找上门来，沉默了一晌，说：“他对你已经没感觉了，你放弃吧！”

他对我没感觉？你有什么资格说这句话？芳珍一急，破口大骂：“你不要脸，别人的男人你也要，还做这么多卑鄙的事，你以为我是被吓大的？”

“胡小姐，你和他只是订婚，他可不是你的男人，”黎娟的声音压得很低，从容不迫，“你是不受法律保护的！”

芳珍还要再骂，电话被黎娟挂断了。她连打三次，没讲三句话，就被黎娟挂掉。第四次，她还没开口，黎娟就像嗅出受伤兔子的肉食动物一样，笃定电话那头一定是她，狠狠地说：“元祥说你没女人味又没气质，果然不错！”

像被顽皮的小孩儿用皮球堵住嘴的狗一样，芳珍气得全身发抖。好，她想，那我也用有气质的方式报复吧！她虽然不知黎娟的信用卡号码，却以“勤能补拙”的方式，地毯式地搜集各种“先试用再付费”的邮购产品，一一寄到黎娟公司去……最精彩的，有五百盒订婚喜饼……

同时期，她收到的邮购产品并未稍减……如果那些“安乐园”或“莲花座”的穴位也可以邮购的话，她也会为黎娟订一个。至少，她要全台湾所有在经营死人生意的都寄一份目录、价格表到黎娟那里去。她也没忘记对元祥兴师问罪，追问“你跟那个女的到底什么关系，进展到什么地步”。元祥不是闷不吭声，就是语气松软地说：“你管她，疯婆子一个！”她越抱怨，元祥就越晚回家，好几次，他还不回来，理由是：“你看你，一见面你就像只老母鸡一样叽叽呱呱不停，谁敢回来？”不然就不屑地说，“她比你更糟，一哭二闹三上吊，我更怕……”

男人保持立场模糊，两个女人则恨不得用堆积如山的邮购产品把对方压死。黎娟最毒的招数是，以她的名为她订了征信社，调查元祥的行踪。征信社来跟她收第一期款项时，芳珍差点儿以头撞墙。

“小姐，怎么可能不是你叫我们去的？你是他未婚妻，事情都是这样发生的呀！”登门的人很像道上兄弟，呸一声一口槟榔汁吐进她那个纯摆饰的彩绘碗里。

和他协调的结果，芳珍只好忍痛付了第一笔调查费，正绞尽脑汁、肝肠寸断地想怎样“回报”黎娟时，征信社倒很快捎来一个更令她震惊的消息：每一、三、五中午休息时间，元祥都会到他们公司对街的宾馆六〇六号房去等一位小姐，那位小姐不姓黎，姓杨，是元祥的客户之一，比元祥大上几岁，家里很有些资本，做生意也有手段，自己开公司……

有手段的女人在芳珍获得情报的第三天，就要搬家公司的人来帮元祥运走他偷偷打包好的东西……

芳珍和黎娟第一次约出来见面。“你比我想象中好看，不像元祥说的。”黎娟说出她的第一句恭维话，虽然还带刺，芳珍也没多计较，反正同是天涯沦落人了。她对黎娟说：“喏，我们都输了。”

黎娟怨她：“第一次你订一大包减肥食品，到办公室我不在，我同事好心帮我垫了钱，害我那个月会钱缴不出来——你订的那五百盒喜饼送来，害人家以为我真要出嫁……多难看……”

芳珍当然也有很多怨言要发泄。两个人谈到后来，觉得彼此都有可爱之处，倒算是“和谈”，未动肝火。“你也别觉得难过啦，”黎娟说，“也许我们都赢了。你还年轻，丢得起一个三心二意的男人；我，吃了你那堆减肥食品，腰围恢复大专时期的二十三寸，也不算没收获。”

二人道别后，都觉心安，因为，再也不会收到匿名代购的产品了。

一年后，芳珍和生命中第二位男友结婚，示威似的请黎娟来当伴娘。黎娟没来，但芳珍和新郎的人缘比想象中好，贺客盈门，原来订的桌数根本坐不下，多亏黎娟“故态复萌”，偷偷向该饭店多订的十桌酒席才摆平。

爱上两个人

爱一定不能分享吗？

不能分享的爱是不是只是一种占有？

并不是故意爱上两个人。她说。二十岁以前我以为，我一生只会爱一个人；我以为我的心很小，心眼儿很死，可以从一而终。

现在啊，我还是死心眼儿，只是同时爱着两个人。感觉自己像个傻瓜，被撕裂，快乐地痛苦着。像一朵花、一棵树需要阳光，同时也需要雨水，我竟无法、也不愿放弃两个人。

爱上两个人，使我触及一个爱的谜团：为什么我只能爱一个人？如果我顺着自己的本性，必须爱上两个人，他们对我来说，像蓝天与大地，我的爱一样真切而圣洁，那么，硬要我顺着这个文明世界的“一对一”制度，放弃一个人，是否逼迫我违反我的本意？

爱一定不能分享吗？不能分享的爱是不是只是一种占有？

林中二路分殊，我一定要选择其中一条吗？如果我并不考虑婚姻与它带来的制度及责任，我是不是可以不要“割爱”？

如果……

她问。

★

爱上两个人，似乎触犯了一个爱情的不成文的定律。溯及既往的历史，对爱上两个人这件事，似乎没有人把它视为值得歌颂的爱情，也没有一个太好的形容词来形容这样的爱情——“左右逢源”、“一箭双雕”、“一石二鸟”、“三心二意”，放在爱情中，全变了意味，换上了一副嘲讽的嘴脸，“左拥右抱”、“齐人之福”在现代更如同过街老鼠。

爱上两个人，错在哪里？其实，真挚的爱未必不能送给两个人。像李后主，他是一个“挥泪对宫娥”的昏君，却是一个懂得疼惜爱情的男人。他同时爱上一对姐妹花。他和大周后感情弥坚、恩恩爱爱，她病危，他痛心掉泪，却不能抵抗“手提金缕鞋”的小周后以她娇柔的声音殷殷呼唤。

像《红楼梦》中的贾宝玉，他爱黛玉甚深，但也爱宝钗、爱湘云、爱袭人、爱晴雯。爱上《红楼梦》的文人，因为其中扑朔迷离的爱与情，掀起了“宝黛之争”，还有人说着说着就打起架来。其实我想，宝、黛和大观园所有的女子们，对贾宝玉来说，都是心头肉吧！虽说他娶了宝钗后并不快乐，去做了和尚，若让他娶黛玉而舍宝钗、袭人，他也不会快乐到哪里去吧？他最快乐的时刻，难道不是他最“博爱”的青春年少时刻，那个可以跟每个女孩儿说“赏我一口胭脂吃”的繁花盛开时期？

我们以为，他是因为舍去最爱而郁郁不乐的，这便是我们以“从一而终”的俗人心态来估量宝玉了。

我可不是在为男人的三妻四妾做翻案。或许，基于社会的考量，一夫一妻不容破坏，但且让我们暂时从制度中松口气、伸个懒腰，讨论一下爱情吧，讨论这个不会有结论的问题：

为什么爱上两个人，那么令我们感到罪恶？

★

现代婚姻专家们大致都已经同意一个说法，那就是：婚前不妨骑驴找马，不要为一棵树，放弃整个森林。

这是大家都能够接受的说辞，但是做起来并不容易。

爱情中骑驴找马，总有一个阶段，即使是一小段时间，你也会遇到“爱上两个人”的问题，你难免会觉得自己侵犯了爱的圣洁，你会挣扎、会痛苦、会犹豫、会内疚、会心碎，无论你做了什么选择，或是不做选择。

除非你的神经比水管粗。

不，如果你真的如此，没有感到任何“自发性”的痛苦，两个爱人也会使你痛苦。你一定不够机灵，没有办法让他们全然不明白，还有另一个人存在。恋人很脆弱，禁不起这么“大”的伤害，即使那个伤害是想象上的伤害。

爱上两个人，经常不由自主地发生。对那个徘徊的人而言，这两个人的差异未必能清楚地划分出来。即使能够区隔，他们也未必会愿意选择“大家认为”比较适合的人。

★

爱上两个人的人，喜欢请教别人，别人的答案他们未必听得进，但有个倾听管道叫人心安。有个老笑话说：

有人写信给报社爱情信箱专栏，问：我有两个爱人，一个是我比较爱的，另一个也不错，她父亲是知名的商业巨子。

我应该选哪一个呢？

迷惘的男人敬上

他很快接到了报社主编的答复：别再迷惘了吧！**爱情是不能以外在条件来衡量，你应该娶的是你最爱的人。**不过，你可否把商业界巨子的女儿介绍给我？我会义务替你善后的。

在两个爱人间折腾的人，也许会思考：她比较像贤妻良母、他将来才会是个好丈夫，或他家经济比较宽裕、他的家人比较好相处……可是，问题常常在于，他根本分不清自己比较爱哪一个——如果分得清，那就容易壮士断腕。

投诉的人固然迷惘，但他的痛苦未必是纯粹的痛苦，至少他痛苦得绝不无聊。

有个男子曾向我倾吐他夹在两个女子间所饱受的煎熬，我注意到，他的眼神有深深的无奈，但瞳仁深处则绽放一抹在生命受到激荡时才能燃烧的光和热。我说，如果那么痛苦，赶快做选择吧！

“我希望她们有一个选择放弃。”他回答，“我不能不仁不义。”

这么说时，他的双唇翕动着大义凛然的空气。我恍然大悟到，他，其实是快乐的吧！

爱情的痛苦与快乐，像铜板，总是正反相随。

★

爱上两个人，深藏着一个宿命的吊诡：**那个被你舍弃的，将成为你记忆中的最爱。**

也许经过许多年月，通过种种爱的煎熬蒸煮后，你发现，当初爱上的是爱情本身，并非那两个人。

心结

人生路上，

不断会有人给你大大小小的刀子，

但用刀的人，是你自己。

是女人为难女人吗？

应该是，

一个男人为难两个女人较正确一些。

“疗伤歌后”又唱出一首新歌：女人何苦为难女人。讲的是一个女性的第三者，插入人家的姻缘之后，先来的那个女人，徘徊在退出与不退出之间。

这样的故事，社会上每天都在上演。

撇开情歌不谈，“女人何苦为难女人”的说辞，其实是在帮男人撇清责任。不该是女人何苦为难女人吧？！**应该是，一个男人为难两个女人较正确一些。**

“两个女人的战争”，为的常是一个男人；点燃导火线的，也是这个男人。但现实中常见的状况是，点了火的男人因无法做选择沟通跑掉了，或一副“事不关己不开口”的模样，让两个女人去扭打、去斗智、去弄个你死我活。

一位上班族朋友告诉我，她的办公室就有这种战争上演。有一天老板的老婆冲了进来，狠狠地打了秘书小姐一个耳光，骂她不知羞耻，诱拐她的丈夫。两个女人吵了起来，男人摸摸鼻子说，哦，我有生意要谈。自此公私不分，有一大段时间两个女人闹得公司鸡犬不宁。这期间，男人又跟公司新来的会计小姐搭上线。他向入社会不久的她抱怨两个女人的蛮横，赢得第三个女人母性的同情。

第三者都是在鹬蚌相争之下渔翁得利的吗？恐怕三个女人闹了起来，这个“没事人”的男人还会做出无辜天真的表情，寻找第四个女人。

不少男子习惯于在主动和女友分手后又“旧情复萌、新情难舍”，寻找旧情人来倾吐新创伤，所导致的结果，是轮流让两个女人心碎。

不是女人为难女人。

是情字这条路错综复杂折磨人，是男人“夹心饼干”的消极心态为难女人。

如果夹心饼干是女人，两个男人会以“谈判”的方式“明快”

地解决；男人当夹心饼干，则两个女人明争暗斗，天天像连续剧一般，甚且会“享受”斗法的滋味。她们忘了，最该做的事，是要男人别再为难女人！

女人怎样为难女人？

“不是男人在压迫女人，是女人在压迫女人。”我发现这句话已经被很多女人挂在嘴上了。有些自诩观念开放的新男性，也会在倾诉女友苦恼后对她说：“看！都是你们女人在压迫女人！”

女人到底在哪里为难女人？

第一，就是重男轻女。女人似乎仍有很多必须重男轻女的理由。其一是，男人认为不孝有三无后为大，他有祖宗给他的压力，于是她“不得已”对儿子宝贝一点；其二，现代社会治安不好，女孩子比较容易遭侵犯，长大过程凶险难测，所以理直气壮地重男轻女；其三，基于对古老“七出”（无子）之条的心有余悸，害怕丈夫会以没有儿子的理由而外遇，所以非有个儿子不可，认为女儿绝无儿子重要；其四，儿子长大是娶女人进来服侍他的，女儿长大嫁人是去服侍人的，为免女人到人家家里去以后人家怪自己没教好，于是百般训练女儿做事，儿子则可闲闲在一边纳凉；其五……

女人总觉得，重男轻女是不得已，好像整个社会用看不见的黑手在压她，害她不得不重男轻女。至今仍有太多女人，一边抱怨身为女人的自己不受重视，一边用“双重标准”在重男轻女。

你喜欢儿子，可以，但你没有必要厚此薄彼地对待女儿，助长你背后“不得不”的恶势力。重男轻女的女人，并没有权利谈男女平等，潜意识中，你根本认为身为女人的你不值得被平等对待。

重男轻女制造了很多得了生活无能症、不会与女人沟通、不会自我检讨的男人，连研究婚姻暴力的专家也发现，有暴力狂倾向的男人多半自小长在重男轻女的家庭。

第二，是“人言可畏”。关于别人的隐私，女人言更可畏。有一个被传了大量流言后甚感愤怒的男子对我说：“你们女人是不是太闲了没事做，得找人磨磨牙？”我并不认为现代女人都比男人闲，不过对他人隐私的过度开心和包打听，女人更胜男人一筹。爱包打听的男人可能会去开征信社收费，爱包打听的女人则免费负责调查。就包打听这事而言，很合乎《老残游记》“清官比贪官可怕”的推理。自认为品质无瑕疵的女人，最爱动用“舆论制裁”或道德诉求来干涉其他女人的私事。她们认为没从一而终就是花痴、离婚一定是女人品格有问题、认命就没事了。

第三，就是“唯我独尊”的自尊。有个笑话是这样的：甲男子对乙男子说，我看我这辈子别想结婚了。第一次带女友回家，我妈说，她不够聪明；第二次带女友回家，我妈又说她太聪明我罩不住；第三次我找到一个跟我妈类似的，我妈又说，她跟她太像了，何必要她？

一个女人对其他女人的百般挑剔，常只是希望有人看见自己的好处。其实，如果大家不是在参加同一场攀岩比赛，把别人拉下来，绝不意味你就会得到第一！

女人何苦为难自己？

女人常常会觉得，自己在情海中受苦，是那个“没良心”的男人为难女人。

没良心的男人固然是有的，在我看过的实例中，有些男人确实无可救药，包括暴力狂、自虐狂、精神虐待狂、挑剔鬼、小气鬼，还有一些因极度没自信而嫉妒成狂的男人。

但是，很多女人虽然会抱怨，当初“眼睛瞎了才看上你”，睁开眼睛看清楚之后，却常常又闭上眼睛忍耐下去。旁观者听完她的惨痛情史后，常觉得“再下去你就把命赔给他了”，女人却还想闭着眼全心沉浸在黑暗的气氛之中，别人给她几只援手，她都看不见。心里只有一个想法：“死掉就会解脱了！”

还有句话几乎是所有自暴自弃者的口头禅。

“不做”总比“做”容易，往坏处想总比往好处想来得安逸，对吗？

于是我们跌进自苦的惰性之中，越陷越深。**在爱情中受苦的女人，如果不是身处于一离开他会马上断气（天底下没有这么神奇的男人吧！）的状况下，应该有拒绝再受苦的权利**。有些状况你只需改变“一念之差”，有些时候只要一点积极性的作为，就可以拨云见日，何苦再自己为难自己？

如果有人给你一把刀——我在一本畅销书上看过这样的比喻，你也可以借助这把刀，握住刀柄大力斩开你面对的荆棘，也可以按住刀锋插进自己的心，只是一念之差而已。人生路上，不断会有人给你大大小小的刀子，但用刀的人，是你自己。

最近在报上又看到大学女生“为情”上吊自杀的事。男友不过说了一句“你把感情看得太重了”，她的心中就出现了一个无法弥补的伤口，认为除了死，没法解脱。她在留给男友的遗书上说，在爱情里只能承受冷漠，却因离不开你，必须继续忍受下去。她质疑为什么人可以爱得这么窝囊而没尊严……受不了没有安全感、只是男友生活中一小部分的生活，就以死亡报复对方不重视自己。

感情路上，情人的评语、他人的流言蜚语、大小挫折，是摆到你眼前的大大小小的刀子，刀子不会自己伤你，但别把刀子净往自己身上捅，不然，即使是一把微细如针的刀子，插在要害上，也会没命的。

你最清楚自己的要害在哪里，所以如果你为难自己，会伤自己最重。

卷尾语

现代人的爱情观生病了，

病得很重。

人类社会真正懂得恋爱的历史其实很短，真正愿意静心观察恋爱真相的人并不多。

时代在变，爱情观变了吗？爱情的“行为”或许改变了，但我们意识中的“观念”，大概还可以挖出恐龙化石来。社会在进步，爱人的心并没有跟着进步，行为开放，观念原始。打开报纸，还有人因爱反目成仇泼硫酸；有人不甘前妻或前夫结新欢（不是理所当然吗？）而行凶；有人因男友说自己把感情看得太重，只当自己是生活的一部分而想不开；更多人承受不了感情“失败”而自毁（我们不能文明一点儿以“结束”一词取代失败吗？）。

现代人的爱情观生病了，病得很重，病得阴阳怪气，有人把占有当成爱、把控制当成爱、把发泄当成爱、把作茧自缚当成爱、把拼命找麻烦当成关心，难怪爱得不开心。

想爱得开心的人，带着你的问题说“哈喽”！不过，别太期待我会用蜜糖裹住你的耳朵。这个社会虚伪与正经八百的声音已经太多，你或者该容忍一个真实而坦白的声音存在。

吴淡如

国民情感闺蜜

真爱非常顽强
吴淡如
真爱非常顽强
人生以快乐为目的，爱情以互惠为原则
国民闺蜜
吴淡如
为你细细剖析
简简单单，
你可以很幸福

吴淡如

国民情感闺蜜

你幸福，比什么都重要
Woman's
happiness
吴淡如
你幸福，
比什么都重要
金石堂
第一名
吴淡如
告诉你幸福的秘籍

吴若权

最犀利的“疗愈大师”

密丝飘

毒舌天后——陶晶莹推荐

刘真

台湾国标舞天后

私房减肥法

欧阳靖

台湾女生路跑第一人

专为女生打造的跑步第一书

版权登记号：01—2014—7956

图书在版编目(CIP)数据

自恋总比自卑好 / 吴淡如著. —北京：现代出版社，2015.6
ISBN 978-7-5143-3489-0

Ⅰ. ①自…　Ⅱ. ①吴…　Ⅲ. ①女性－恋爱心理学－通俗读物
Ⅳ. ①C913.1-49

中国版本图书馆CIP数据核字（2015）第101100号

原书名《自恋总比自卑好》，经作者授权在中国大陆地区独家出版发行。

自恋总比自卑好

作　　者	吴淡如　著
责任编辑	崔晓燕
出版发行	现代出版社
通讯地址	北京市安定门外安华里504号
邮政编码	100011
电　　话	010-64267325　64245264（传真）
网　　址	www.1980xd.com
电子邮箱	xiandai@cnpitc.com.cn
印　　刷	三河市南阳印刷有限公司
开　　本	890 × 1240　1/32
印　　张	6
版　　次	2015年7月第1版　2015年7月第1次印刷
书　　号	ISBN 978-7-5143-3489-0
定　　价	26.00元